Gisela Koch

Schummeln erlaubt
... oder ... oder ... oder?!

Gisela Koch

Schummeln erlaubt

... oder ... oder ... oder?!

Rediroma-Verlag

Bibliografische Information der Deutschen Nationalbibliothek:
Die Deutsche Nationalbibliothek verzeichnet diese Publikation in der Deutschen Nationalbibliografie; detaillierte bibliografische Daten sind im Internet über http://portal.dnb.de abrufbar.

ISBN 978-3-98885-003-4

Umschlagillustration:

www.rediroma-verlag.de
9,95 Euro (D)

Inhalt

VORWORT

Sie können dieses Buch lesen oder einfach ignorieren. Sollten Sie sich aber für das Lesen entscheiden, übernehme ich keine Haftung dafür, wenn Sie anschließend zum Schummler werden.

Es ist kein Krimi und auch keine Liebesschnulze, es ist lediglich ein Buch, in dem einige Episoden des Schummelns im täglichen Leben wiedergegeben werden.

Ich will Ihnen zeigen, dass man manchmal nicht ohne Schummeleien sein Ziel erreichen kann.

Es ist natürlich nicht zum Nacheifern gedacht. Sollten Sie es dennoch tun, so werden Sie sicher Ihre Gründe haben.

Setzen Sie sich nun in eine gemütliche Ecke, mit etwas Naschereien und einem schönen Getränk, es kann auch ein guter Tee sein, und beginnen Sie, dieses Buch zu lesen.

Vielleicht sagen Sie am Ende gar: „Was soll der Quatsch!“ oder Sie sehen es genau wie ich und sagen: „Schade, dass man zu solchen Schummeleien greifen musste, aber es geht nur so!“

Ich wünsche Ihnen beim Lesen viel Spaß,

Ihre Gisela Koch

Das Abendkleid

Endlich wieder einmal ausgehen. Ich freute mich schon seit Wochen darauf. Seitdem wir die Kinder hatten, wurde es mit dem Ausgehen immer seltener. Wer lässt schon gerne sein Kind allein? Aber jetzt, wo sie groß sind, denn unsere Jüngste ist vierzehn, da kann man die Zeit von damals wieder zurückholen.

Dieter meint ja immer, wir sind zu alt für den Tanzboden, denn es bewegen sich gegenwärtig fast nur Sechzehn- bis Siebenundzwanzigjährige dort. Da gehören wir mit Ende vierzig zum alten Eisen. Doch mir ist so etwas egal. Solange man Spaß an der Sache hat, sollte man sie ruhig durchziehen.

Ja, heute konnten wir mal wieder das Tanzbein schwingen, bis es lahm wird. Das Glück, ausgehen zu können, hatten wir Irmgard und Peter zu verdanken. Sie hatten über Peters Firma vier Freikarten bekommen und uns eingeladen.

Ich hatte mir vor zwei Jahren im Schwedenurlaub ein Kleid gekauft, na ja, eigentlich war es ein Nachthemd, was ich beim Kauf aber nicht wusste. Ich hatte es anprobiert und fand es als Kleid supertoll. Ich ging dann zur Verkäuferin und fragte, ob es das Kleid noch eine Nummer größer gäbe. Die Verkäuferin lächelte und sagte mir, dass es kein Kleid, sondern ein Nachthemd sei. Ich war erstaunt, denn zum Schlafen war es nun wirklich zu schade. Aber ich habe es mir in Schweden gekauft, woher sollte denn hier jemand wissen, dass es ein Nachthemd war?

Gestylt und gebügelt trafen wir uns am Hafen, denn dort fand die Veranstaltung statt. Wie und was da genau ablaufen würde, wusste Peter auch nicht. Er konnte uns nur garantieren, dass wirklich Tanz sein würde, und das alleine reichte mir zum Mitkommen.

Wir waren wohl etwas zu früh dran, denn wir warteten schon eine Viertelstunde und die beiden waren noch immer nicht in Sicht. Dieter zündete sich während des Wartens schon seine vierte Zigarette an. Er war immer so aufgeregt, wenn wir ausgehen. Na gut, sie kamen von außerhalb und hatten immerhin dreißig Kilometer zu fahren. Aber kaum hatte ich meine Gedanken zu Ende gedacht, da fuhren sie vor und hupten, um sich anzukündigen.

Als wir das Lokal betraten, war bereits die Hälfte des Saales gefüllt. Alle hatten sich sehr festlich angezogen, sodass mein Kleid mit Glitzer und Glitter nicht unbedingt auffiel. Wir hatten einen guten Tisch, der ziemlich zentral im Geschehen stand, sodass wir von hier alles in Augenschein nehmen konnten.

Der Abend begann mit einem bunten Programm. Darunter gaben auch einige bekannte Künstler etwas zum Besten. Es gefiel uns gut und auch Dieter bereute es nicht, mitgekommen zu sein.

Nun sollte eine Modenschau geboten werden, bei der man anschließend die vorgeführten Stücke kaufen konnte.

Vielleicht finde ich da noch etwas, dachte ich und freute mich darauf, denn bei solchen Aktionen war Dieter immer großzügig, auch wenn es mal ein bisschen teurer wurde. Zu Beginn wurde Freizeitmode für Herren vorgeführt, was allerdings nicht unseren Geschmack traf, da es zu ausgeflippt war. Aber die Kollektion für die Dame, egal, ob Abend- oder Freizeitmode, konnte sich sehen lassen. Ich hatte auch schon eine ärmellose Bluse für mich in Augenschein genommen, wenn nicht Folgendes passiert wäre: Jetzt waren Nachtmoden und Dessous angesagt. Es waren schon sehr hübsche Nachthemden darunter, von denen ich auch der Meinung war, sie als Kleid tragen zu können. Es wurde das Modell „Sternschnuppe" angekündigt, sicher wegen des Glitzerns, vorgeführt von Madeleine. Mir wäre lieber gewesen, sie wäre vor dem Rauskommen ausgerutscht und hätte sich ein Bein gebrochen. Denn was nun passierte, war peinlich, peinlicher gings nicht.

Madeleine kam charmant auf den Laufsteg. Alles klatschte und was hatte sie an? Mein Kleid! Es war das Modell Sternschnuppe und sie führte es als Nachthemd vor. Weil wir auch noch genau in der Mitte des Saales saßen und ich davor schon viermal zur Toilette gegangen war, um mein ach so tolles

Kleid (Nachthemd) zu präsentieren, ging das Getuschel sofort los. Einige kicherten sogar so laut, dass ich es hören konnte. Ich wäre am liebsten im Erdboden versunken!

Mir war es Irmgard gegenüber auch sehr peinlich, denn sie hatte mich zuvor gefragt, wo ich das Kleid gekauft hatte, worauf ich voller Stolz geantwortet hatte: „In einer Boutique in Schweden.“ Stimmt ja auch, aber ich wusste, dass es ein Nachthemd war. Irmgard, die ebenfalls ein Schmunzeln im Gesicht hatte, flüsterte mir nun zu: „Da haben die dich aber reingelegt beim Kauf! Oder hast du das gewusst?“

Das war zu viel! Ich war den Tränen nahe, riss mich aber unter großer Anstrengung zusammen. Ohne klar denken zu können, stand ich auf, im Gesicht rot wie ein Feuermelder und ging mit Riesenschritten, so schnell ich konnte, hinaus.

Die Tränen kullerten dann auf dem Nachhauseweg, wo es niemand sah. Ich ging zu Fuß, denn ich wollte von keinem mehr gesehen werden. Zum Glück war es kurz nach zweiundzwanzig Uhr und somit schon dunkel.

Total verheult kam ich endlich zu Hause an. Dieter erwartete mich schon, er war mit dem Auto gefahren. Nun machte er mich fertig, meckerte und meckerte, ich hätte ihn blamiert! Schließlich hatte auch er nicht gewusst, dass mein Kleid ein Nachthemd war. Dieter schwor mir, dass er nie wieder mit mir ausgehen würde, und wollte nebenbei auch noch wissen, was ich damals für den Fummel bezahlt hatte. Er brummelte noch die halbe Nacht vor sich hin. Ich ärgerte mich maßlos! Nicht nur weil ich mich blamiert hatte, sondern weil der Abend, auf den ich mich seit Wochen gefreut hatte, nun futsch war.

Ich wollte ein Nachthemd zum Kleid schummeln und war dabei baden gegangen.

Das Nachthemd habe ich später meiner Nichte geschenkt, aber gleich darauf hingewiesen, es nicht als Kleid zu tragen, da es peinlich enden könnte.

Schummeltücke

Das Schummeln hat so seine Tücken,

kann nicht immer nur beglücken.

Es kann auch manchmal peinlich werden,

wird es erkannt hier auf Erden.

Das Nickerchen

Ich finde Schule ätzend! Erst recht dann, wenn man schon neununddreißig ist. Mir haben eigentlich die zehn Jahre Schulzeit gereicht. Dann war da noch die zweijährige Ausbildung. Danach dachte ich, jetzt ist endgültig Schluss mit Schule. Ich habe dann hin und wieder noch eine Weiterbildung bzw. Qualifizierung gemacht, weil ich das beruflich für notwendig hielt. Aber dass ich mit neununddreißig Jahren noch mal für zwei Jahre, Tag für Tag, die Schulbank drücken musste, das war schon sehr derb.

Jeden Tag Buchführung, Wirtschaftsmathematik, … bis der Kopf qualmt, Kopfschmerzen bis zum Schlafengehen und das Wissen, dass man den Tag über viel hinter sich gebracht hat.

Der absolute Horror war Betriebswirtschaft mit Dr. Herold. Es ist unfassbar, mit welchem Talent dieser Mann es schaffte, mit seiner weichen warmen Stimme, die obendrein nicht sehr laut war, so gleichmäßig in einer monotonen Stimmlage zu sprechen, dass, obwohl man eigentlich gewillt ist, dem Geschehen zu folgen, sich automatisch sofort völliges Desinteresse einstellt. Mit anderen Worten, sein Unterricht war überaus langweilig.

Deshalb war es nur verständlich, dass bei ihm jeder machte, was er wollte. Einige schrieben Briefe, machten Kreuzworträtsel, Handarbeit oder saßen einfach nur in Gedanken versunken da. Es musste nur leise bei ihm sein, da bestand er drauf.

Ich war eine von denen, die dasaßen und zuhörten, weil ich es für unanständig hielt, etwas anderes zu tun. Ich hatte in seinen Stunden immer damit zu kämpfen, meine Augen aufzuhalten. Es kam erschwerend dazu, dass Betriebswirtschaft immer erst nach dreizehn Uhr begann, wo sich mein Tiefpunkt sowieso deutlich bemerkbar machte.

Heute war es besonders schlimm. Ich war gestern noch sehr lange feiern gewesen und deshalb sehr spät, genauer genommen eigentlich früh, denn es war kurz nach drei Uhr, ins Bett gegangen. Nun hing ich erst recht durch. Dann kam die Stunde bei Dr. Herold. Ich kämpfte und kämpfte mit mir, nicht einzuschlafen. Es war ein Phänomen. Langsam rückte seine monotone Stimme immer weiter in den Hintergrund. Sie wurde immer leiser und leiser und … Bleib wach! Reiß dich zusammen!, rief es in mir. Ich merkte, wie meine Augenlider immer schwerer wurden. Ich glaube sogar Streichhölzer, hätte ich sie mir zwischen Ober- und Unterlid in die Augen geklemmt, sie wären einfach durchgebrochen. Doch es half nichts – ich machte schlapp! Die Augenlider fielen zu und … ich schlief. Ich weiß nicht, wie lange ich mich noch auf dem Stuhl halten konnte, doch plötzlich muss es einen Knall gegeben haben. Ich wachte auf und fand mich auf dem Boden wieder. Um mich herum standen zweiundzwanzig

Erwachsene und Herr Dr. Herold. Alle sahen sie zu mir runter. Völlig benommen wusste ich im ersten Augenblick gar nicht, wo ich war. Am liebsten hätte ich die Augen wieder geschlossen und weitergeschlafen. Es schien keiner bemerkt zu haben, dass ich geschlafen hatte, also hatte ich nicht geschnarcht, was mein Mann sonst immer von mir behauptet.

Alle machten ein besorgtes Gesicht und fragten: „Was ist mit dir? Gehts dir nicht gut?"

Das ist es!, dachte ich. Schummele dir doch einfach eine Krankheit hin. Es war immer noch besser, krank zu sein, als müde und am helllichten Tag zwischen vielen Erwachsenen einzuschlafen.

„Ja, ich weiß nicht!", sagte ich noch sehr benommen oder man könnte es auch müde nennen. „Mir geht es nicht so gut. Mir wurde auf einmal schwarz vor Augen und übel. Von dem Moment an weiß ich nichts mehr ...ich muss wohl ohnmächtig geworden sein."

„Ja!", riefen einige. „Du bist ganz plötzlich umgefallen! Wir haben einen riesigen Schreck bekommen, als du schlagartig umfielst." Anscheinend hatte wirklich niemand bemerkt, dass ich die Augen geschlossen hatte. Das war mein Glück!

Es musste mir somit überhaupt nicht peinlich sein, denn die Schummelei mit der Ohnmacht hatten mir die anderen ja geradezu in den Mund gelegt. Ich bin bloß froh, dass die mir keinen Arzt gerufen hatten, denn der hätte sicherlich nur meine Müdigkeit festgestellt und es laut werden lassen. Dann wäre es doch peinlich geworden.

Das ist mir im Unterricht nie wieder passiert. Zum einen, weil ich von da an immer rechtzeitig ins Bett ging, und zum anderen habe auch ich dann angefangen, im Unterricht Kreuzworträtsel zu lösen, oder Einkaufszettel für den Nachmittag geschrieben. Ich fand es zwar immer noch nicht anständig, aber mir blieb nur diese Möglichkeit, denn ich wollte auf keinen Fall, dass der Vorfall sich noch mal wiederholte.

Schummelschlaf

Ist die Stimmung nicht so gut,

verlässt auch dich einmal der Mut.

Die Langeweile quält dich nun,

vor Müdigkeit fällst du gar um.

Antrag auf Sozialhilfe

Wie jeden Morgen sitze ich bei einer Tasse Kaffee und fülle mein Kreuzworträtsel aus.

Das ist die einzige Zeit, die ich für mich habe, wenn alle aus dem Haus sind und ich die Ruhe so richtig genießen kann.

Ich sitze also schon zwanzig Minuten und knoble, als plötzlich das Telefon klingelt. Ich ignoriere das Klingeln und lasse mich vom Rätseln nicht abbringen. Doch nach dem zwölften Mal nervt es so sehr, dass, da meine Ruhe ohnehin schon gestört ist, ich den Hörer hochreiße und brülle: „Wer nervt so früh?"

Damit beginnt das ganze Malheur.

Am anderen Ende des Hörers vernehme ich ein Seufzen und Weinen. Es ist Sophie, meine älteste Tochter. „Mir wurde die Rente abgelehnt, was mache ich nun, denn ich habe doch kein Geld ...!", schluchzt sie nur schlecht verständlich durch den Apparat.

Mich bringt man so schnell eigentlich nicht aus der Fassung, aber das berührt sogar mich sehr und wühlt mich auf.

Sophie ist zweiundzwanzig Jahre jung, leidet seit dem dreizehnten Lebensjahr an einer chronischen Atemwegserkrankung und kann nicht länger als zwei Stunden belastet werden. Ihr war bis jetzt für drei Jahre die Rente bewilligt worden. Da keine

Besserung der Krankheit erfolgte, nahm sie an, die Weiterbewilligung würde ohne Probleme zu ihren Gunsten genehmigt werden. Das ist nun ja nicht der Fall.

Jetzt ist guter Rat teuer, denn Sophie weint unaufhörlich und seufzt etwas wie: „Wovon soll ich jetzt meinen Lebensunterhalt bestreiten … ich werde aus der Wohnung fliegen, weil ich keine Miete zahlen kann …!“ Es tönt alles wirr durcheinander aus der Hörmuschel.

Um ein bisschen abzublocken, das mache ich immer in schwierigen Situationen, wenn ich nicht weiterweiß, sage ich: „Bleib ganz ruhig, es gibt für jedes Problem eine Lösung und wir finden eine!“ Das beruhigt immer und in diesem Fall auch Sophie.

Es gibt nur eine Möglichkeit, und zwar Widerspruch einlegen und erst einmal Hilfe beim Sozialamt beantragen, wie viele andere Menschen es auch tun.

Mir ist bewusst, dass Sophie meinen Vorschlag nicht gut finden wird, aber es gibt nur diese Lösung. Ich irre, denn überraschend muss ich feststellen, dass auch Sophie diese Möglichkeit akzeptiert.

Heute ist Dienstag und wir verabreden uns zu Donnerstag, damit sie noch Unterlagen zusammensuchen kann.

Am Donnerstag stehen wir dann pünktlich um acht vor dem Sozialamt. Natürlich sind wir nicht die Ersten. Es ähnelt einem Wartezimmer beim Arzt, und zwar montags, wenn sich die vom Wochenende gesammelten Kranken im Wartezimmer stauen.

Es ist schon ein beklemmendes Gefühl, hier um Geld zu betteln, aber wir müssen da durch.

Wir verbringen hier viereinhalb Stunden und man begegnet uns arrogant und unhöflich. Wir kommen uns vor wie das Letzte. Wahrscheinlich werden alle Antragsteller in einen Topf geschmissen. Ich bekomme langsam das Gefühl vermittelt, die Angestellten würden die Leistungen aus ihrem eigenen Portemonnaie zahlen müssen.

Wie dem auch sei, wir werden zu einer anderen Stelle verwiesen, zu einem anderen Zeitpunkt und haben viereinhalb Stunden sinnlos vertan. Man kann uns nicht einmal sagen, ob Sophie überhaupt Leistung bekommt, und macht uns wenig Hoffnung.

Wieder zu Hause angekommen geht das Gejammer von Neuem los. Abermals beginnt Sophie: „Ich habe gewusst, dass es nichts wird, … ich weiß nicht weiter, … blah, blah, blah …!“

Es hilft nichts, ich muss mir etwas einfallen lassen. Welche Mutter kann schon mit ansehen, wenn das Kind, auch wenn es schon erwachsen ist, so traurig ist? Bei Sophie kommt zudem noch die Krankheit hinzu, welche durch die Aufregung nun noch einen Anfall auslöst, sodass wir den Notarzt rufen müssen.

Plötzlich fällt mir die Idee mit dem Ordner ein. Ich hatte so etwas schon einmal irgendwo in einem Film gesehen.

Wir gehen am nächsten Tag zu der anderen Stelle des Sozialamtes, Sophie voraus und ich mit gerader Haltung und Aktenordner hinter ihr.

Schon auf dem Flur, auf dem wieder eine Menge wartender Leute sitzen, sieht man uns fragend an. Sophie, ganz aufgeregt, setzt sich nach meiner Aufforderung zu den Wartenden, während ich den Flur auf und ab schlendere.

Bei jedem Schritt, den ich gehe, verfolgen mich die Augen der Wartenden.

Ich dagegen schreite mit erhobenem Haupt langsam auf und ab und auf und ab, bis sich plötzlich eine Tür öffnet und eine Bearbeiterin mit einem Zettel in der Hand den Flur entlang geht. Sie mustert mich dabei, sieht auf meinen Ordner und spricht mich schließlich an: „Suchen Sie etwas Bestimmtes oder zu wem möchten Sie?“

Das klingt so freundlich und nett, dass ich mich fast ein bisschen schäme.

Sie verweist uns gleich auf ein Zimmer, in das wir uns schon begeben können, was wir auch sofort tun.

Ich sehe Sophie an, dass sie sich nicht wohlfühlt in meiner Gegenwart, aber nun ist die Karre schon im Dreck und wir müssen sie da wieder rausziehen.

Während meine Tochter ihr Anliegen vorbringt, mustert mich die Beamtin laufend von oben bis unten. Ich sehe es auf ihrer Stirn geschrieben, sie will wissen, wer ich bin oder weshalb ich mit in das Zimmer reingekommen bin. Ich fühle mich verpflichtet, etwas zu sagen, und lege los: „Nicht, dass Sie sich wundern, warum ich Frau Koch begleite, ich schreibe ein Buch über sie und muss somit an allen Lebenssituationen teilhaben.“

Sie nickt mir verständnisvoll zu und wird noch netter. Vielleicht auch um in meinem Buch besser bedacht zu werden.

Von nun an gibt es keine Zweifel mehr.

Meine Tochter muss nur noch ein einziges Mal dorthin, wobei ich sie selbstverständlich mit Ordner unterm Arm begleite. Sie bekommt die Leistung zum Lebensunterhalt.

Ohne Schummelei wäre die Bürokratie bestimmt ausgedehnter und nicht so freundlich abgehandelt worden.

SCHUMMELNOT

Es ist die Not, die dich zum Schummeln treibt,

weil dir nichts anderes übrig bleibt.

Doch wende es nur selten an,

sonst verachtet dich ein Jedermann!

Der nackte Mann

Schon zehn nach zwölf. Jetzt muss ich mir etwas einfallen lassen! In einer Stunde kommt Franziska aus der Schule und bis dahin muss Mittag fertig sein. Ich werde einen Eintopf machen. Der schmeckt im Winter immer am allerbesten.

Ich war gerade dabei, alle Zutaten fürs Essen auf den Küchentisch zu legen, als ich ein leichtes Klopfen an der Tür vernahm. Weil das für diese Zeit untypisch war und meine Nachbarin, wenn sie mal kam, immer klingelte, verdrängte ich das Klopfen und nahm an, es mir nur eingebildet zu haben.

Ich fing an, die Möhren zu putzen, als das Klopfen lauter, viel lauter wurde. Nun merkte ich, dass es keine Einbildung war, und ging zur Tür. Vielleicht, dachte ich noch, ist unsere Klingel auch kaputt.

Als ich die Tür öffnete, schloss ich sie auch gleich wieder, denn mein Nachbar, von ganz oben, wir wohnen im ersten Stock, stand vor mir, mit nichts außer einem Slip an! Er klopfte erneut. Ich öffnete und sah ihn mit großen Augen fragend an.

„Lass mich schnell rein!“, flüsterte er und drängte sich an mir vorbei in unseren Korridor.

„Sag mal, was ist denn mit dir los? Spinnst du jetzt total?“, stotterte ich ihn an. „Wo hast du denn deine Sachen?“, fragte ich erneut.

Dann erzählte er mir, wie er in diese Situation gekommen war.

Er hatte geschlafen, weil er früh aus der Nachtschicht gekommen war. Irgendwann während des Schlafens träumte er, dass es an seiner Tür klingelte. Da das Klingeln nicht aufhörte, stand er, inzwischen wach geworden, auf, um nachzusehen. Es stand aber niemand vor der Tür. Er lehnte sich noch übers Treppengelände. Vielleicht war der Klingler gerade auf dem Weg nach unten und in diesem Moment schlug seine Wohnungstür zu und er stand im Slip im Hausflur.

Nachdem er seine Geschichte erzählt hatte, brach ich in ein unaufhörliches Gelächter aus. Ich konnte mich kaum wieder einkriegen. So etwas hatte ich noch nie von jemandem gehört. Jetzt stand er da und bat um Rat bzw. Schraubenzieher und Zange, um seine Tür wieder zu öffnen.

Ich hatte aber das gesamte Werkzeug im Keller und kannte mich damit auch nicht so richtig aus, deshalb rauchten wir auf diesen Schreck erst einmal eine Zigarette.

Es klingelte an der Tür und wie es der Teufel so wollte, stand meine Schwiegermutter vor der Tür. Ich hatte die Tür schon geöffnet und machte wohl so ein erstauntes Gesicht, dass sie mich gleich fragte: „Passt es dir nicht, dass ich komme? Dann gehe ich gleich wieder."

Ich stotterte: „doooch, n-n-nuur, ich hatte gar nicht mit dir gerechnet." Ach, nun hatte ich mich auch noch falsch ausgedrückt! Wenn sie jetzt Dietrich entdeckte, würde sie wer weiß was denken. Der hatte sich vor Schreck, oder Peinlichkeit, im Schlafzimmer aufs Bett gesetzt und hoffte, meine Schwiegermutter würde gleich wieder gehen, denn sie blieb meistens nie lange. Aber heute, heute schlug sie nicht einmal das Angebot, einen Kaffee zu trinken, ab. Es war schon eine heikle Situation. Hätte er nicht woanders klingeln können? Wenn ich meiner Schwiegermutter diese Geschichte erzählte, das glaubte die nie.

Sie trank ihren Kaffee, erzählte und erzählte. So richtig konnte ich ihrem Gespräch nicht folgen, weil ich immer dachte: Wenn er jetzt aus dem Schlafzimmer kommt, was dann wohl für ein Eindruck entsteht?"

Plötzlich stand meine Schwiegermutter auf und erzählte etwas von einer neuen Tagesdecke, die sie sich gekauft hatte und die so ähnlich aussah wie meine. Um nachzusehen, ob es tatsächlich so eine war, öffnet sie die Schlafzimmertür und war entsetzt. „Das hab ich mir schon gedacht!", sagte sie höhnisch. „Du kamst mir gleich so merkwürdig vor!"

Nun war sowieso alles zu spät. Ich musste retten, was zu retten war. Da die Wahrheit nicht glaubhaft schien, schummelte ich ihr etwas vor. „Es ist nicht so, wie es aussieht!", rechtfertigte ich mich sofort.

Meine Schwiegermutter darauf: „Na offensichtlicher geht es ja wohl kaum!"

„Ja, na ja, es ist so …“, gab ich stotternd von mir, „… Er hat sich die ganzen Sachen vorhin mit Kaffee übergossen, denn er bekam, als er einen Schluck trank, einen Hustenanfall. Und da hat er sich den kochenden Kaffee über Shirt und Hose gekippt.“

Er baute die Geschichte noch etwas aus, dass er Glück hatte, wegen Verbrühungen und so, während ich ins Badezimmer ging, die schmutzige Jogginghose und ein Shirt meines Mannes aus der Waschmaschine holte, beides klitschnass machte und auf die Leine hängte. Da meine Schwiegermutter den Nachbarn eigentlich als ehrlichen und netten Mann kannte, versuchte sie uns zu glauben, was ihr, wie sie sagte, sehr schwerfiel. Sie überzeugte sich, ob auf der Leine Sachen hingen, schüttelte ein paar Mal den Kopf und sagte dann, bevor sie ging: „Na, ob dein Mann dir das glauben wird?“

Als sie weg war, suchte ich ihm Sachen von meinem Mann raus, die ihm eigentlich zu kurz waren, denn er war zwei Köpfe größer. So konnte er aber nach Werkzeug in unserem Keller suchen.

Er bekam die Tür auf, musste aber später eine Leiste dagegensetzen, da die Tür durch das Aufstemmen demoliert war.

Mittag gab es dadurch verspätet. Meinem Mann erzählte ich die wahre Geschichte über diesen Vorfall. Er glaubte mir, hätte aber an seiner Mutters Stelle genauso reagiert. Sie kennt bis heute nicht die Wahrheit, glaubte aber an das Vorgeschummelte.

Wenn wir heute darüber erzählen, lachen wir herzlich.

SCHUMMELWAHRHEIT

Die Wahrheit hat ihren eigenen Stil,

den manchmal keiner glauben will,

drum fängst du plötzlich zu schummeln an,

das glaubt dir dann ein jeder Mann.

Die „PRESSE“

Verflixt und zugenäht, schon wieder ein Knöllchen an meiner Frontscheibe.

Ich habe das Gefühl, die Politessen verfolgen mich auf Schritt und Tritt. Überall wo ich mal ganz kurz nur unerlaubt parke, müssen diese Leute im Gebüsch oder hinter einer Hausmauer lauern. Aber warum verstecken sie sich immer, jeder weiß, dass sie nur ihren Dienst tun. Jedenfalls habe ich noch nie eine oder einen von denen gesehen.

Neulich war ich nur ganz schnell in einem Sanitätsladen, habe davor gehalten, natürlich im Parkverbot, ich habe mich ganz genau nach allen Seiten umgeschaut, toll, keiner da, kannst schnell mal reinhuschen in den Laden! Ich habe aufgepasst wie ein Adler. Ich wollte eigentlich nur mal sehen, wo die immer herkommen, deshalb kaufte ich die Fußschoner mit verdrehtem Kopf, denn der blieb hinten beim Auto. Ich musste nur ganz kurz in mein Portemonnaie sehen, denn nur tasten konnte ich das Geld nicht. Da war es passiert, nach dem Bezahlen sah ich zum Auto und was sah ich? Ja genau, ein kleines Knöllchen verzierte wieder einmal meine Frontscheibe. Die Fußschoner, von denen ein Dutzend nur 1,25 Euro kosteten, kosteten mich nun 31,25 Euro. Dafür hätte ich schon Besucherhausschuhe kaufen können.

Ich nehme mir danach jedes Mal vor, so etwas nie wieder zu tun. Schon damals, als meine Schwägerin fast von einem Autofahrer verprügelt wurde, schwor ich mir, mit Politessen nicht in Konflikt zu geraten. Aber Ivonne, die meine Schwägerin ist, hatte selbst ein bisschen Schuld. Ivonne und ich fuhren an einem Dienstag nach Greifswald, um einen Termin für eine Bewerbung einzuhalten. Wir fuhren schon eine Ewigkeit in der Gegend herum, um einen Parkplatz zu suchen. Endlich fuhr ein Pkw am Ende der Straße raus, ich schnell hin und rein in die Parktasche, geschafft!

Ivonne stand weiter vorne an der Straße, neben ihr war der Fahrbahnrand, an dem Autos hintereinander parkten. Ich beobachtete einen Mann, der aufgebraust auf Ivonne zustürmte. Er fuchtelte zornig mit beiden Händen, griff Ivonne an ihre Jacke, zeigte zu den Autos, dann fasste er sich mehrfach an die Stirn und verschwand kopfschüttelnd in Richtung Parkplatz. Ich dachte, ich krieg mich nicht mehr ein. Das alles am helllichten Tag.

Ivonne stand wie ein begossener Pudel da und wusste nicht, ob sie lachen oder weinen sollte. Und das alles, weil sie die falschen Sachen anhatte. Ja, man sollte sich überlegen, was man in der Öffentlichkeit trägt. Ivonne jedenfalls trug eine lilafarbene Long Jacke, eine schwarze Hose und hatte eine schwarze Handtasche mit vielen silberfarbenen Schnallen schräg über den Körper gehängt.

Und das war ein Fehler, denn genau zu diesem Zeitpunkt hatten die Politessen ebenfalls fast die gleiche Garderobe und die Tasche ähnelte der von Ivonne auch. So wurde Ivonnes Lieblingsjacke ihr beinahe zum Verhängnis.

Ja, und damals schwor ich, nur auf vorgegebenen Flächen zu parken. Jetzt kann ich mir fast die Wohnung mit Knöllchen tapezieren.

Das muss ein Ende haben, denn mein Mann hat mir schon angedroht, ein Fahrverbot auszusprechen, wenn ich das Geld laufend zum Ordnungsamt trage.

Ich überlegte lange, wie ich dem aus dem Weg gehen könnte, und fand dann bei einem Bummel durch einen Schnickschnack-Laden, in dem es lauter unnützes Zeug gab, ein Schild mit dem Aufdruck „PRESSE" und damit entstand meine Schummelei.

Ich kaufte das Schild, klemmte es vorne im Auto an die Frontscheibe, und damit war das Problem gelöst.

Seit diesem Tag habe ich Ruhe vor den Politessen, ich zehre heute noch davon, denn ich habe nie wieder ein Knöllchen hinter meiner Scheibe gehabt.

Einmal bin ich ins Ordnungsamt, habe keinen Parkschein gelöst, es sah mich aber ein Hilfspolizist. In dem Augenblick wollte ich dann doch noch schnell einen Schein ziehen, aber der winkte, nachdem er mein PRESSE-Schild gesehen hatte, nur ab und sagte: „Lassen Sie sein, Sie sind doch bestimmt dienstlich hier. Dauert es denn lange?“

„Nein, nein, ich komme gleich wieder, will nur was abgeben …“, stotterte ich.

„Na ja, ich bin ja noch einen Moment hier, gehen Sie ruhig“, sagte er freundlich.

Wow…, das war mir in meinem ganzen Leben noch nicht passiert. Der Schnickschnack-Laden hatte für mich jetzt einen ganz anderen Rang.

Manchmal macht Schummeln auch so richtig Spaß.

Schummelfreude

Wenn du so richtig schummeln kannst,
beginnt für dich ein Reigentanz,

dann blüht die Freude in dir auf,
nimmst vieles dafür dann in Kauf.

Zehrst vom Erfolg dann ziemlich lange,
beim Schummeln wird dir niemals bange,

du sagst: „Wer sich beschummeln lässt, ist selber Schuld,
denn der steht am Verliererpult.“

Zusatzurlaub

Es ist wieder sehr heiß, man kommt aus dem Schwitzen gar nicht raus. Hätte ich den Urlaub bloß später genommen, wie ich es ursprünglich geplant hatte, dann bräuchte ich in der Hitzeperiode nicht arbeiten und könnte am Strand liegen. Dennis war ja mal wieder klüger und meinte, die Hitze würde es erst in unserem Urlaub geben. Jetzt sitze ich hier in meinem kleinen Büro und komme mir vor, als würde ich den ganzen Tag in der Sauna verbringen. Ab und zu schaue ich zum Fenster hinaus und sehe, wie die Leute mit Badesachen vorbeigehen. Sicher lassen die es sich jetzt am Strand richtig gut gehen.

Der Chef kommt, er bringt schon wieder Arbeit. Es ist alles viel zu viel für mich.

Ich mag nicht mehr, fühle mich schlapp und müde, den ganzen Tag die Sonne im Büro, wer hält das denn aus? Na gut, ich habe die Jalousie runtergelassen, aber die Hitze kommt dennoch durch.

Ich werde meinem Chef sagen, dass ich mich schlecht fühle. Vielleicht schickt er mich nach Hause.

Ich sitze also an meinem Schreibtisch und lehne meinen Kopf auf, keiner sieht es. Will denn niemand hereinkommen, um mir Arbeit zu bringen? Es kommt keiner. Was mache ich nun? Ich laufe aus meinem Büro auf die Toilette, das mache ich mehrmals, damit ich auffalle. Es fällt auf, denn kein Mensch läuft immerzu zur Toilette.

Aber hier scheint es niemanden zu stören, alle vergraben sich in ihre Arbeit. Sie sehen mich nicht einmal. Ich weiß nicht, schwitzen die denn nicht? Na ja, die haben ja auch fast alle bald Urlaub, vielleicht spornt das an. Als ich den Urlaub noch vor mir hatte, war es auch anders, da war es auch noch nicht so heiß.

Ich hockte mich wieder an meinen Schreibtisch und schwitzte weiter. Vor Wut, dass keiner mein Verhalten wahrnimmt, fange ich an zu weinen. Ich steigere mich richtig ins Weinen hinein. Gerade in dem Augenblick kommt Birgit, meine Kollegin, herein, sieht mich sorgenvoll an und fragt: „Was ist denn mit dir los? Gehts dir nicht gut?"

Ich werde ganz rot und antworte: „Mir ist so übel, ich weiß auch nicht, was es ist. Ich musste mich schon mehrmals übergeben."

„Soll ich den Chef fragen, ob du zum Arzt gehen kannst?", fragt Birgit erneut und sieht mich dabei ganz traurig an.

„Ich … weiß … nicht", stottere ich ihr entgegen und lege meinen Kopf auf den Schreibtisch.

Birgit streichelt mich. „Du tust mir leid, ich gehe den Alten fragen", flüstert sie mir ins Ohr.

Von dieser Minute an fühle ich mich wirklich schlecht. Vielleicht ist es das Mitgefühl, welches

Birgit mir entgegenbringt, in das ich mich so hineinsteigere.

Birgit kommt aber nicht allein zurück. Nein, die gesamte Belegschaft von sieben Kollegen steht plötzlich vor mir.

Jeder tätschelt an mir rum und gibt seine Diagnose zum Besten.

„Ja, es hat keinen Zweck …“, sagt der Alte, „gehen Sie zum Arzt und kurieren Sie ihre Krankheit aus.“

Meine Arbeit, welche sich auf dem Schreibtisch angesammelt hat, wird zwischen Birgit und Ramona aufgeteilt, was mir ein bisschen peinlich ist, weil sich Birgit so für mich ins Zeug gelegt hat.

Ich gehe also zum Arzt, dessen Praxis gleich drei Haustüren weiter war. Dr. med. Hempel hat Urlaub. Ist ja auch klar, bei dem Wetter. Somit begebe ich mich in das Ärztehaus, welches die Vertretung übernimmt. Es gibt überhaupt keine Probleme mit der Krankschreibung. Man sagte mir, dass es vielen Leuten gegenwärtig so gehe wie mir, es müsse wohl mit der Hitze zu tun haben. Genauso ist es, denke ich, denn wäre kein Strandwetter, bräuchte ich keinen Krankenschein.

Meine Schummelei hat ja nun geklappt. Jetzt aber schnell nach Hause, Badesachen einpacken und an den Strand.

Ich habe fünf Tage, um mich zu erholen. Das reicht aus, um neue Energie fürs Büro zu sammeln.

Wenn ich an Birgit denke, wird mir schon ein bisschen komisch vom Gefühl her. Ich fahre an den Strand und sie muss für mich arbeiten. Aber ach, weg mit den Gefühlen. Birgit liegt in zwei Wochen auch in der Sonne und lässt es sich gut gehen.

Ich packe alles, was an Strandzubehör zu Hause rumliegt ein und fahre los. Dass ich nicht ins örtliche Freibad kann, ist mir klar. Denn dort fahren auch viele Kollegen, die in unserer Etage arbeiten, hin und ich weiß nicht, wer gerade Urlaub macht. Ich fahre also weiter weg, nach Binz. Binz hat einen riesigen Strand, da sind zu diesem Zeitpunkt sowieso nur Touristen.

Es ist wie zweiter Urlaub. Ich denke nicht an Arbeit, nicht an die Kinder, nicht an den Hund. Ich genieße einfach nur. Ja, Dennis, denke ich, so schön hätte unser gesamter Urlaub sein können, wenn wir ihn jetzt erst genommen hätten. Aber er will Anfang Juli fahren, weil man ihm erzählt hat, es würde vom Wetter her die schönste Zeit sein. Wir waren in Griechenland, aber auch dort hatte man sich wahrscheinlich gegen uns verschworen, denn es regnete viel und war sehr windig, womit wir dort nicht gerechnet hatten.

Na ist jetzt ja auch egal, ich zumindest werde ja jetzt entschädigt.

Ich fahre noch zwei weitere Tage nach Binz, aber als ich am dritten Tag fast abends nach Hause komme und die Post aus dem Briefkasten hole, finde ich einen Brief, an mich gerichtet.

Er ist von meinem Chef. Dieser will mich am nächsten Tag um neun Uhr sprechen und fordert mich auf, in sein Büro zu kommen.

Was will er denn nur, überlege ich. Könnte mich vielleicht einer gesehen haben? Nein, das glaube ich nicht. Und wenn, dann hat derjenige auch Urlaub und kann ihm das nicht so schnell erzählt haben. Na abwarten, vielleicht will er auch nur etwas von meinen Unterlagen, die unter den Kollegen aufgeteilt wurden, wissen. Doch dass der Chef mich anschreibt, ist untypisch, denn es hätte ja auch Birgit bei mir anrufen können.

Welch ein Quatsch, wie sollte mich jemand anrufen, wenn ich den ganzen Tag aus dem Haus war? Ja, vielleicht geht es darum, weil sie niemand erreichen konnten.

Das Beste ist, ich rufe Birgit an.

Ich muss es dreimal versuchen, um Birgit ans Telefon zu bekommen: „Hallo Birgit, wo warst du denn, ich rufe schon das dritte Mal an?“

„Ich war im Strandbad, mich erfrischen, denn wir hatten heute ganz schön viel zu tun und haben geschwitzt.“

„Ich wollte nur wissen, ob es etwas Neues gibt.“

„Wie meinst du das?“, fragt Birgit und ich höre in ihrem Ton eine gewisse Strenge.

„Ach, nur so …, der Alte hat mich zu sich gebeten. Weißt du vielleicht, warum?“

„Du, ich muss schlussmachen, ich habe gerade Besuch bekommen.“ Und höhnisch flüstert sie mir dann noch in den Hörer: „Gute Besserung auch noch.“

Ich weiß nicht so richtig, was ich davon halten soll. Na mal sehen, abwarten und Tee trinken.

Am anderen Morgen ist nichts mit Strand. Ich stehe um viertel vor neun beim Alten vorm Büro. Fünf vor neun holt er mich zu sich rein.

„Na Kollegin, können Sie sich vorstellen, weshalb ich Sie zu mir gebeten habe?“

„Nein“, antworte ich fast fragend.

„Wie geht es Ihnen denn inzwischen?“

„Ja…a…a…, scho…o…o…n besser“, gebe ich mit zitternder Stimme und stockend zurück.

Ich ahne jetzt, dass es was mit meiner Krankschreibung zu tun haben muss.

„Na das ist ja schön, dann haben Sie sich ja so richtig auskuriert, oder?“

„Ja, ja, habe ich.“ Nur nicht aus der Reserve locken lassen, denke ich, denn ich weiß noch nicht so recht, was er will. Da von meiner Seite nichts kommt, geht er dann in die Vollen.

Seine Frau, welche mit Urlaubsgästen ebenfalls jeden Tag in Binz am Strand war, hat mich gesehen und war der Meinung, ich hätte Urlaub. Während des Abendessens erzählte sie ihrem Mann beiläufig, dass sie mich jeden Tag am Strand sieht. Er wollte es ihr nicht glauben und war der Meinung, sie hätte sich verguckt, aber um ihr Recht durchzusetzen, fotografierte mich die Frau und zeigte ihm mein Bild. Er war entsetzt, weil er mich wegen meines schlechten Zustandes zum Arzt schickte. Er fühlte sich verschaukelt und betrogen.

Ich wollte eigentlich nur schummeln, sehe es aber im Nachhinein auch als Betrug an.

Meinen Arbeitsplatz habe ich dadurch verloren, also rate ich jedem von so einer Schummelei ab!

So gehts

Weil ich ja nicht zaubern kann,

schummle ich mal dann und wann,

aber nur für'n guten Zweck,

und schon ist das Problem dann weg.

Falsche Freundschaft

Wir kannten uns jetzt schon einige Zeit und ich war von Nele recht angetan. Beide waren wir im zweiten Lehrjahr und wollten Fachverkäuferin werden. Unsere Freundschaft entwickelte sich gleich in der ersten Woche des Lehrbeginns. Wir sahen uns, hielten Blickkontakt, wechselten das ein oder andere Wort miteinander und schon waren wir somit ein Herz und eine Seele.

Am anderen Tag holte Nele mich schon zur Berufsschule ab. Ich holte sie an den Wochenenden ab und ging mit ihr ins Kino oder auch oft in die Disco. Nele wohnte bei ihrer Oma, war aber trotzdem keine verwöhnte Zicke. Wenn sie Naschereien mitbrachte, was sie sehr oft tat, teilte sie immer mit allen anderen.

Auch so im Allgemeinen hatte ich den Eindruck, dass sie offen, gerecht und ehrlich zu jedem war. Nele war noch Single, was ja auch normal war, denn wir waren erst sechzehn Jahre jung. Bei mir dagegen gab es schon Paul, er war fünfzehn, ein Jahr jünger als ich.

Paul und ich waren schon seit der neunten Klasse zusammen, also schon ziemlich lange, und somit hatte er schon einen Stellenwert in meinem Leben. Wir liebten uns und wollten für immer zusammenbleiben.

Paul war für Nele manchmal ein Problem, denn es gab auch Tage, da verbrachte ich den Abend bzw. das ganze Wochenende nur mit Paul. Ihm wurde es manchmal zu viel mit Nele und mir, deshalb bat er mich ab und zu, allein zu ihm zu kommen.

Die meiste Zeit über war sie allerdings dabei und wir unternahmen was zu dritt.

Eines Morgens holte mich Nele, wie immer, wenn Berufsschule war, ab. Wir erzählten über dieses und jenes, plötzlich fing Nele an, mir Paul auszureden. Ich wäre so ein hübsches Mädchen und er würde gar nicht zu mir passen. Außerdem wären seine Eifersucht und sein ständiges Rumhängen bei mir doch ätzend. Ich sollte mit ihm Schluss machen, dann könnten wir noch öfter tanzen gehen und das wäre doch viel besser. Ich hatte es zu diesem Zeitpunkt nicht als Falschheit angesehen, sondern als Fürsorglichkeit. Paul war wirklich krankhaft eifersüchtig und sah überall, wo männliche Personen in der Nähe waren, eine Gefahr für unsere Beziehung. Ich wusste aber, dass er mich sehr liebt, und erwiderte, dass ich dies nicht so ohne Weiteres mit ihm besprechen und zwei Jahre Beziehung nicht einfach wegwerfen könne.

Sie spielte immer wieder auf seine ungehobelte Eifersucht an, worauf ich nur äußerte, dass er sich schon noch ändern werde. Sie merkte, dass es keinen Zweck hatte, mit mir über dieses Thema zu reden, und ließ es.

Ein anderes Mal macht Nele mir einen Vorschlag. Ich hatte langes, aber nicht sehr fülliges Haar, dennoch fand ich es gut, mir meine Haare abzuschneiden. Sie wollte sie mir schneiden wie ihre. Sie hatte einen Bubikopf, aber schönes volles Haar, was mir gefiel. Aber falsch gedacht, sie schnitt mir die Haare so kurz, dass ich hinterher nicht mal mehr einen Kamm brauchte, um mich zu kämmen.

Ich ließ mich darauf ein, dachte, sie würde wirklich eine tolle Kurzhaarfrisur auf meinen Kopf zaubern, aber das war der Höhepunkt unserer Freundschaft. Ich stellte sie zur Rede, weshalb sie meine Haare so sehr kurz geschnitten hat. Sie meinte nur: „Ich hatte mich verschnitten und musste das ausgleichen. Außerdem ist es für dein Haar gut, wenn es mal kurz geschnitten wird." Und mit den Worten, sie würden ja wieder wachsen, war das Thema vom Tisch.

Paul musste jedes Mal grinsen, wenn er mich ansah. Auf der Straße verwechseltem mich die Leute ab und zu mit einem Jungen, was Paul sehr peinlich war. Und ich, ich bekam jedes Mal einen Schreck, wenn ich in den Spiegel sah.

Ich mochte Nele aber trotzdem und schnitt das Thema nicht mehr an. Unser Alltag verlief normal, wir stritten und vertrugen uns.

Eines Tages war wieder einmal ein Kinoabend angesagt, zu dritt wollten wir uns einen Film ansehen, was wir auch taten. Nach dem Film bestand Nele darauf, uns zum Abendessen in ein kleines gemütliches Restaurant einladen zu dürfen. Es sollte als Wiedergutmachung für die kurze Frisur sein.

Eigentlich wollten Paul und ich noch vor meiner Haustür ein bisschen rumknutschen, aber Neles Überredungskünste waren stärker.

Sie bestellte zum Essen Bier, dann noch eins und noch eins. Sie selbst trank aber ganz langsam, sodass wir ihr immer zwei voraus waren.

Wir gingen um Mitternacht zu Fuß nach Hause. Eigentlich hatte ich es nicht weit, aber weil Nele uns eingeladen hatte, brachten wir sie erst nach Hause und mussten deshalb ungefähr eine Dreiviertelstunde gehen.

Ich wollte mich zuerst nach Hause bringen lassen und dann sollte Paul Nele bringen, so hätte ich nicht doppelt laufen müssen. Nele war auch der Meinung, aber Paul bestand auf mein Mitkommen.

Und nun kam die Enttäuschung. Ich schummelte ein wenig und stellte mich betrunken. Eigentlich wegen Paul, er mochte es, wenn ich beschwipst war. Natürlich nur hin und wieder.

Nele schätzte es genau so ein und nahm an, ich wäre betrunken. Sie widmete sich Paul, nahm seine Hand und machte ihm Komplimente. Plötzlich erkannte ich die Worte wieder, die sie genauso einmal zu mir gesagt hatte. Außerdem würde er gar nicht zu mir passen, das mochte schon sein, mit der neuen Frisur!

Jetzt war mir klar, weshalb sie mich so verunstaltet hatte. Sie wollte sich still und heimlich an meinen Freund ranmachen.

Ich gab mich weiterhin betrunken, denn ich merkte, Paul wies sie ab. Beim Abschied sagte sie, er solle es sich doch noch mal durch den Kopf gehen lassen. Und dann … wollte sie ihn küssen. Ich hatte mächtig mit mir zu kämpfen, um meine Wut zu unterdrücken. So eine falsche Ziege!, dachte ich. Heuchelt jedem von uns was vor!

Hätte ich nicht geschummelt und auf betrunken gemacht, wäre diese Falschheit nicht erkannt worden.

Paul und ich unterhielten uns auf dem Nachhauseweg noch lange über diese falsche Freundschaft und waren beide einer Meinung, sie ab sofort zu beenden!

Ich habe Nele ab den nächsten Tag nicht mehr gekannt, weil ich so sehr enttäuscht wurde.

Der Freund

Drum prüfe, wer dein Freund sein kann,

es eignet sich nicht jedermann.

Nur der, der's wirklich ehrlich meint,

nicht mit Geschenken vor der Tür,

versucht bei dir sich einzuschleimen,

um sich ein Platz dann einzuräumen,

wer immer ehrlich, aufrichtig zu dir,

den lasse rein durch deine Tür.

Denn er ist nicht nur jedermann,

es ist einer, der dein Freund sein kann.

Der vergessene Hund

Endlich wieder der langersehnte Jahresurlaub!

Wie immer herrschte zu Hause großes Chaos. Morgen würden wir nach Holland fahren, in den Ponypark. Da fuhren wir zwar schon zum vierten Mal hin, aber wir fanden es immer wieder aufregend. Bevor es aber losging, wurde erst einmal große Hektik verbreitet. Der eine suchte dies, der andere jenes. Und wenn es nicht gleich gefunden wurde, hieß es: „Mutti, wo hast du das hingelegt?"

Alles, was nicht gefunden wurde, hatte ich natürlich zuletzt, wahrscheinlich in der bösen Absicht, es auf nimmer Wiedersehen verschwinden zu lassen. So meinte es jedenfalls meine Familie.

In diesem Jahr hatten wir abgesprochen, dass jeder seine Sachen allein einpacken würde. Da wir uns dort selbst verpflegen mussten, war ich zweifelsohne diejenige, die sich zusätzlich um Leib und Wohl zu kümmern hatte. Ob mein sorgfältig ausgearbeiteter Speiseplan auf Zustimmung stieß, würde sich aber erst in Holland zeigen. Heute wurden erst einmal die Reste aus dem Kühlschrank verzehrt und dann blieb dieser für vierzehn Tage aus.

Es war eine fast schlaflose Nacht, denn laufend ging einer in die Küche, um etwas zu trinken. Oder man hörte die Toilettenspülung. Wie auch immer, es war die ganze Nacht Bewegung in der Wohnung.

Weil jeder nur so tat, als würde er schlafen, standen wir dann bereits um vier Uhr auf.

Der Korridor und die Küche standen voller Gepäck: zwei große Koffer und drei Reisetaschen. Ganz schön viel für vier Personen, dachte ich bei mir, aber Katharina und Franziska waren der Meinung, nur das Wichtigste eingepackt zu haben.

Der Anhänger mit der Verpflegung stand auch schon bereit, fehlten nur noch die Reiseunterlagen, Straßenkarten und dann konnte es losgehen.

Gegessen wurde nicht, denn wir hatten nichts mehr im Haus, wollten aber um acht Uhr an einer Raststätte frühstücken, was wir auch in die Tat umsetzten.

Die Fahrt verlief ohne besondere Vorkommnisse und endlich angekommen, fühlten wir uns auch gleich wohl. Jeden Tag wurde ein anderes Ausflugsziel angesteuert, sodass wir viele Eindrücke sammeln konnten. Da wir unsere Planung bereits abgearbeitet hatten, hielten wir uns die letzten drei Tage ausschließlich in unserem Urlaubsobjekt auf: dem riesigen Vergnügungspark. Wir fuhren, so oft wir konnten, Karussell und kauften Andenken für die lieben Verwandten.

Benny, unseren Hund mussten wir überall hin mitnehmen, denn es war eine fremde Umgebung für ihn. Aber Gott sei Dank waren Hunde hier im Park sehr willkommen.

Auf Katharinas Wunsch hin, noch ein letztes Mal Riesenrad zu fahren, machten wir Bennys Leine an einer vorm Riesenrad stehenden Bank fest und fuhren eine Runde. Da wir, wie schon erwähnt, das vierte Mal hier waren, mussten wir uns als Mitbringsel immer was anderes einfallen lassen, und das war gar nicht so einfach. Also ließen wir Benny noch etwas unter der Bank sitzen und gingen die Geschäftsstraße abbummeln. Dann aßen wir noch ein Eis, kauften hier wieder und dort wieder und gingen langsam zum Bungalow. Hier zeigten wir untereinander die gekauften Sachen und bestaunten alles. Nach dem Abendbrot spielten wir Federball und Familien-Quiz. Die Uhr zeigte inzwischen einundzwanzig Uhr zehn.

Ich muss mit Benny Gassi gehen!, dachte ich und rief nach ihm. Er kam nicht.

„Wo kann er bloß sein?“, fragten wir uns, aber um zweiundzwanzig Uhr fiel mir dann plötzlich ein, dass wir ihn ja ans Karussell angebunden hatten.

Wenn ich nicht noch mal hätte mit ihm Gassi gehen müssen, keinem wäre Bennys Fehlen aufgefallen.

Jetzt hackten natürlich alle auf mir herum. Was ich doch für ein Frauchen wäre, der arme Hund, er würde jetzt bestimmt winseln und denken, wir wollen ihn nicht mehr! Alle schimpften mit mir und fragten mich, wie ich Benny so einfach dort vergessen konnte. Dabei waren, außer Dieter, alle dabei und niemand hatte vor lauter Kaufrausch an Benny gedacht. Aber ich, ich wurde wieder einmal dafür verantwortlich gemacht, dabei war es Franziskas Hund.

Wir gingen gemeinsam zu der gewissen Bank, wo der Hund, wie man sich denken kann, nun natürlich nicht mehr war.

Wie die Hyänen ging meine Familie auf mich los: „Siehst du, das hast du nun davon! Jetzt ist er weg!“

Im nächsten Leben werde ich Vater, habe ich mir vorgenommen. Die haben’s leichter! Wahrscheinlich ist es die Mutter in mir, die das alles erträgt.

Wir gingen zur Rezeption, aber dort war nur noch ein Wachmann, der uns nicht richtig verstand oder verstehen wollte. Als wir ihn nach dem Hund fragten, schüttelte er nur den Kopf. Anschließend suchten wir noch den gesamten Vergnügungspark nach Benny ab, gaben dann aber, weil es schon dunkel war, auf. Verzweifelt und wehmütig saßen wir vor dem Bungalow, bis spät in die Nacht, und hofften, Benny würde von selbst auftauchen. Als wir unsere Augen nicht mehr aufhalten konnten und zu frieren anfingen, gingen wir schlafen. Vor dem Einschlafen sagten die Kinder noch zu mir: „Hoffentlich hast du Glück und der Hund ist noch hier auf dem Gelände!“

Warum ich?, dachte ich. Warum soll ich Glück haben? Der Hund gehört uns allen, hauptsächlich Franziska! Und alle sind schuld an dem

Verschwinden Bennys! Trotzdem drückte ich mir inzwischen auch selbst die Daumen.

Noch bevor ich Brötchen holte, ging ich zur Rezeption und fragte nach Benny. Die dort schon anwesenden Angestellten, die gerade zur Frühschicht eingetroffen waren, wussten von keinem Hund. Ich traute mich gar nicht zurück mit dieser Nachricht.

Nach dem Frühstück versuchten wir es noch einmal, bekamen aber diesmal eine positive Antwort. Ein technischer Mitarbeiter hatte irgendetwas von einem Hund, den eine Kollegin gefunden und mitgenommen hatte, gesagt. Weil er es aber auch nur von anderen Kollegen gehört hatte und nichts Näheres wusste, konnten wir uns noch nicht sicher sein, ob es wirklich unser Benny war. Dennoch gab es jetzt zumindest eine Hoffnung!

Diese Kollegin sollte ihren Dienst gegen Mittag beginnen. Wir wollten vor der Rezeption warten, aber die Angestellten forderten uns auf, unsere Telefon- und Bungalownummer zu hinterlegen. Sie würden uns informieren, wenn die Kollegin da ist. Offensichtlich war es ihnen unangenehm, wenn wir hier vor dem Eingang warteten. Also gingen wir zurück zum Bungalow.

Es war jetzt halb Elf. Gegen halb eins sollte die Kollegin kommen, somit hatten wir noch zwei Stunden.

„Denk dir schon mal eine Ausrede aus, für die Frau!“, sagte Dieter.

„Warum für die Frau?“, entgegnete ich.

„Na sie wird dich sicher fragen, weshalb du deinen Hund ausgesetzt hast.“

„Wieso ausgesetzt? Ich habe ihn vergessen. Und außerdem ist es nicht mein Hund, verdammt noch mal! Warum werden die unangenehmen Seiten immer mir zugeschanzt? Warum seid ihr Männer immer so anmaßend?“

„Du willst mir doch nicht erzählen, dass sie dir glaubt, den Hund vergessen zu haben? Sie wird das als Ausrede ansehen und denken, du bist bloß gekommen, weil dich das Gewissen plagt.“

Plötzlich wieder ganz ruhig, sagte ich zögernd: „Ja, vielleicht hast du recht. Wo gibt es so viele Idioten auf einem Haufen, die einen Hund vergessen? Das ist ja auch kaum zu glauben!“

Ich überlegte mir eine Ausrede, welche ich, falls es Benny sein sollte und die Frau mich fertigmachen würde, auch zum Ausdruck bringen wollte.

Gegen halb eins stand ich wieder vorm Eingang. Diesmal ganz alleine, denn der Rest der Familie hielt sich im Hintergrund. Benny hatte mich schon gerochen, winselte und bellte. Er zog die Frau so heftig, dass sie in meine Richtung gehen musste. „Das ist also das böse Frauchen, das dich aussetzen wollte“, sagte sie zu Benny und sah mich dabei an. Mit gebrochenem Deutsch fuhr sie fort: „Es ist so ein süßer Hund! Das Sie das übers Herz bringen, ihn einfach auszusetzen! Ich habe mir schon immer einen so hübschen Hund gewünscht. Ich werde ihn behalten!“

„Nein!“, entgegnete ich sofort und etwas laut. Jetzt schummelte ich ihr was vor: „Den Hund hat man uns gestohlen! Wir hatten ihn an unserem Bungalow angebunden, legten uns drinnen ein wenig hin, und als wir nach ihm sehen wollten, weil er nicht mehr zu hören war, war er samt Leine weg. Erst hatten wir angenommen, dass eine unserer Töchter mit ihm weg ist. Es war aber nicht der Fall. Wo haben Sie ihn denn gefunden?“

Sie sah mich misstrauisch an und antwortete: „Er war bis in die späten Abendstunden an eine Bank angebunden.“

„Hm …“, stotterte ich überzeugend, „warum hat der Dieb ihn denn dort festgebunden und nicht mitgenommen?“

„Ja, vielleicht war ihm der Hund eine Last und er musste ihn mit Gewalt mitziehen.“

„Ja, schon möglich, denn eigentlich geht er nur ungern mit Fremden mit“, antwortete ich, denn ich musste meine Ehre retten, da mir niemand half.

„Mit mir ist er sofort mitgegangen. Wir waren gleich Freunde!“

„Ja, er merkt, wer gut ist. Ich bin ja so froh, dass wir ihn wiederbekommen haben! Wie können wir Ihnen nur danken?“

„Nein, ist schon gut. Ich merke schon, dass er froh ist, wieder bei Ihnen zu sein. So bin ich meinen kleinen Freund also wieder los.“ Sie streichelte ihm noch mal übers Fell.

Ich bedankte mich im Namen meiner ach so lieben Familie und wollte gerade in Richtung Bungalow gehen, da standen sie alle drei vor mir, umgarnten Benny und fragten mich zugleich aus. Nichts antwortete ich zu der Sache. Sie hätten dabei sein können, dann bräuchten sie jetzt nicht so neugierig zu sein.

Alle waren glücklich, Benny wieder bei sich zu haben. Wir regelten von nun an, dass jeder einmal am Tag mit ihm ging, aber die Schummelausrede hat bis heute noch keiner von ihnen erfahren.

Geheimnis

Solltest du mal geschummelt haben,

und willst als Geheimnis dir das wahren,

dann schweig nur still und lass es drin,

nur so ergibt's für dich 'nen Sinn.

Der Aufsatz

Ich schrecke auf und sehe zur Uhr. Dreiviertel sieben! Oh je, ich habe verschlafen! Ich stehe jeden Morgen um sechs auf, wasche mich in Ruhe und esse dann gemütlich Frühstück, bevor ich um sieben aus dem Haus gehe.

Wie soll ich das bloß schaffen? Nur fünfzehn Minuten? Ich meckere vor mich hin. Alle Gedankengänge sind in meinem Hirn durcheinandergewürfelt. In so einer Situation, welche so gut wie nie vorkommt, herrscht totales Chaos.

Waschen und anziehen ist heute alles eins. Nur schnell zusehen, dass ich es noch schaffe! Ich möchte erwähnen, ich bin zu diesem Zeitpunkt Schülerin der neunten Klasse.

Noch sechs Minuten! Gleich wird Sarah klingeln. In meinem Hirn höre ich leise: „Beeil dich, beeil dich, beeil dich …!“ Das macht mich fertig! Ich zittere an Hand und Fuß. Schmier mir noch schnell ein Frühstücksbrot, welches ich beim Schuheanziehen nebenbei esse. Da klingelt es auch schon. Ich drücke auf den Türöffner, aber Sarah kommt nicht. Also sehe ich zu, dass ich runterkomme.

„Es ist schon acht nach sieben!“, keift sie mich noch vor der Begrüßung an. „Ich wollte mich noch auf den Aufsatz vorbereiten. Warum hast du so getrödelt?“

Ach ja, der Aufsatz! Das hatte ich total vergessen. Es ist der Letzte für dieses Schuljahr und somit wichtig, eine gute Note dafür zu bekommen.

„Wir wissen doch noch gar kein Thema, wie willst du dich dann darauf vorbereiten?“, fragte ich sie.

„Na zumindest hätten wir uns das, was wir in den letzten vier Stunden hatten, noch einmal ansehen können.“

„Na ja, stimmt schon, aber ich habe verschlafen und konnte es einfach nicht eher schaffen. Tut mir leid!“

Sarah weiß, dass Verschlafen bei mir nur eine Eintagsfliege ist und sagt nur beiläufig: „Schwamm drüber, war nicht so gemeint.“

Eigentlich hoffen wir Schüler, dass Frau Engelbrecht heute nicht in der Schule ist, denn es passiert öfter mal, dass sie zu Beginn der Woche ausfällt. Da geht aber schon die Klassentür auf und sie steht vor uns. Wie es scheint, nicht gerade frisch und munter, aber während wir gleich den Aufsatz schreiben, hat sie ja Zeit, sich auszuruhen.

Das Thema des Aufsatzes lautet: „Ein besonderes Erlebnis“. Ich habe eigentlich nie Schwierigkeiten mit Aufsätzen, aber hierzu fällt mir überhaupt nichts ein. Was habe ich bis jetzt für Erlebnisse gehabt? Ich fand da nichts besonders.

Wir haben vierzig Minuten für dieses Geschreibsel und ich sehe, wie Sarah schreibt und schreibt. Weshalb hat sie sich denn vorhin so aufgeregt? Sie weiß doch alles, denke ich und starre auf mein leeres Blatt.

Zehn Minuten sind schon vergangen.

Julia, du musst jetzt anfangen, sonst schaffst du es nicht mehr!, flüstert meine innere Stimme.

Ich will ja auch anfangen. Aber wie? Ich weiß es nicht!, antwortete der andere Teil in mir.

Da fällt mir plötzlich ein Traum ein. Ich werde mir daraus eine Geschichte zusammenschummeln.

Ich beginne also mit meinem Aufsatz:

Ein besonderes Erlebnis

Die Ferien hatten gerade begonnen. Die Sonne schien zwar nicht, aber es war trotzdem warm und ein wunderschöner Tag.

Ich war gut drauf. Und wenn ich aufstehe und gut drauf bin, finde ich meistens den ganzen Tag in Ordnung.

Ich hatte mich heute mit Emy, meiner Cousine, verabredet. Wir wollten Stoff kaufen, für die Fenster in meinem Zimmer. Ich wollte mein gesamtes Zimmer neugestalten.

Emy nahm ich mit, weil sie Geschmack hatte. Sie konnte gut dekorieren und hatte auch immer Ideen, wenn es um Gestaltung ging.

Emy brachte Besuch aus Russland mit. Eine Brieffreundin, mit der sie schon lange in Kontakt stand, machte vier Wochen Urlaub bei ihr. Das hielt uns aber nicht davon ab, den Stoff zu kaufen. Wir hatten Glück, es war Räumungsverkauf. Fast einen ganzen Ballen für den halben Preis. Soviel Stoff brauchte ich gar nicht, aber Emy meinte, ich könne mir daraus ja noch Kissen und eine Tischdecke machen. Ich muss sagen, es war schöner Stoff. Er erinnerte mich ein wenig an Regenschirmseide. Nein, an diesem Stoff gab es wirklich nichts auszusetzen und ich hatte wirklich großes Glück, ihn bekommen zu haben.

Wir gingen anschließend Eis essen, als Emy plötzlich die Idee hatte, mit Tatjana, dem Mädchen aus Russland, auf den Kirchturm zu gehen. Tanja, wie wir sie nannten, die schon gut die deutsche Sprache beherrschte, war sofort dafür.

Ich aber hatte den großen Stoffballen und wollte deshalb nicht mit hoch, worauf Emy nur meinte: „Das macht nichts. Wir wechseln uns mit dem Tragen ab. Ich habe auch kein Problem, ihn alleine hochzutragen."

Gesagt, getan. Wir kraxelten langsam erst die Treppe, dann die Leitern im Kirchturm hoch. Oben angekommen, mussten wir erst einmal verschnaufen. Es waren zum einen die vielen Stufen, die uns zu schaffen machten, und zum Zweiten der Stoffballen, den wir abwechselnd trugen und der sehr unhandlich war.

Wir genossen den Ausblick fast eine Stunde und Tanja war von dieser Aktion begeistert. Sie schoss ein Foto nach dem anderen.

Als wir wieder runtersteigen wollten, kam uns dicker Rauch und Nebel entgegen. Je weiter wir runterkamen, desto dicker wurden die Qualmwolken.

„Was ist das?“, wunderten wir uns. Jetzt war uns auch klar, warum wir die Einzigen hier oben waren, denn normalerweise wimmelt es auf dem Turm nur so von Touristen.

Wir hörten unten viele Stimmen durcheinander sprechen, rufen und schreien. Aus lauter Panik begannen auch wir endlich um Hilfe zu rufen.

Der Qualm vernebelte uns nun total und zog bis in die Aussichtskuppel. Wir stiegen so schnell wir konnten wieder nach oben, denn wir husteten schon unaufhörlich.

Tanja weinte und auch Emy und ich waren den Tränen nahe und bereuten, hier hinaufgestiegen zu sein. Ich machte Emy Vorwürfe, denn immerhin war es ihre Idee gewesen.

Als die ersten Flammenspitzen anfingen, ab und zu den Qualm in der Turmluke zu durchdringen, fassten wir einen Entschluss: Wir mussten springen. Uns wurde bewusst, dass keiner hier hochkommen könnte, um uns zu retten, und auch eine Feuerwehrleiter reicht nicht so hoch. Die einzige Möglichkeit zur Rettung wäre ein Hubschrauber, doch niemand vermutete uns hier oben. Und selbst wenn, bis man uns retten würde, wären wir wahrscheinlich schon längst an Rauchvergiftung gestorben. Nein, wir mussten springen!

Emy, die sich für alles schuldig fühlte, war eigentlich noch sehr besonnen in diesem Moment. „Hört mir jetzt genau zu!“, sagte sie. „Wir werden den Stoffballen nehmen, ihn doppelt und dreifach legen, uns dann daran festhalten und ... runterspringen. Der Stoff ist so fest. Wir werden uns zwar einige Brüche zuziehen, aber dafür am Leben bleiben. Eine andere Möglichkeit haben wir nicht.“

Das behagte uns gar nicht und wir baten Emy, nach einer anderen Lösung zu suchen.

„Vielleicht findet man uns doch noch hier und rettet uns!“, sagte ich weinend und schaute unentwegt zur Turmklappe.

Wir warteten noch zehn Minuten. Weil die Frischluft von oben den Rauch und die Flammen immer stärker in die Aussichtsplattform zog, kratzte es furchtbar im Hals und wir husteten unaufhörlich. Schließlich hielten wir es nicht mehr aus.

„Ich springe jetzt!“, sagte Emy. „Wenn ihr nicht wollt ... Ich tue es! ... dann muss ich euch von unten Hilfe schicken ... wenn ich es noch kann!“

Emy hatte etwas Fürsorgliches an sich. Auf keinen Fall wollten wir alleine zurückbleiben. Laut weinend schluchzten wir: „Wir kommen mit!“ Wir beteten alle drei noch zu Gott, was man in solchen Augenblicken meist macht, hielten uns an einer Ecke des Stoffballens, den Eny vierfach zusammen gelegt hatte, fest, machten die Augen zu und sprangen runter.

Ich war der Ohnmacht nahe, aber es ging. Wir flogen zwar nicht so gleitend wie ein Fallschirmspringer, aber hatten durch den Gegendruck des Windes einen nicht allzu heftigen Aufprall.

Wir landeten auf einem Toilettenhaus, welches sich auf einen Marktplatz befand, und konnten noch gar nicht glauben, dass wir hier heil und unversehrt standen. Uns taten vom Aufprall die Beine etwas weh und Kopf und Hals von dem vielen Qualm, den wir eingeatmet hatten, aber ansonsten war es schon ein Glücksgefühl, wieder unten zu sein.

Inzwischen waren auch schon Fernsehen und Presse eingetroffen. Man hatte unseren Sprung live im TV übertragen. Während Hilfskräfte sich noch daran zu schaffen machten, Leute zu retten, und die Feuerwehr beim Löschen war, belagerten uns Fotografen, Zeitungs-, Rundfunks- und Fernsehreporter. Sie löcherten uns mit ihren Fragen und redeten alle durcheinander. Da es uns noch nicht so gut ging, waren wir von dem ganzen Trubel ziemlich genervt. In unserem Kopf war ein totales Wirrwarr. Im nächsten Moment kamen mehrere Krankenwagen mit Blaulicht. Sie nahmen uns mit, denn wir mussten untersucht werden, wie man uns sagte. Dadurch retteten sie uns aber auch vor den vielen Reportern.

Wir mussten zwei Tage im Krankenhaus bleiben, konnten dann unversehrt nach Hause und fühlten uns wie neu geboren.

Wir gaben später ein Interview an Fernsehen und Presse ab und konnten den ganzen Fall noch einmal im TV verfolgen. Wir standen in den Schlagzeilen. Es war schon komisch, sich selbst im Fernsehen und in der Zeitung zu sehen.

Aber am wichtigsten war, dass wir überlebt hatten. Einen Kirchturm werden wir bestimmt nie mehr betreten!

Die für mich zur Verfügung stehenden dreißig Minuten sind um, aber ich habe den Aufsatz bis zum Schluss geschafft.

„Was war denn mit dir?", fragte Sarah. „Erst hast du da gesessen und auf dein Blatt gestarrt und plötzlich schriebst du wie ein Weltmeister. Du hast die ganze Zeit über nicht einmal hochgesehen."

„Tja, ich musste mich erst von meinen Träumen inspirieren lassen. Und mit etwas Schummelei habe ich mir dann ein Erlebnis zusammengeschrieben", erwidere ich. Sarah staunte, denn sie hatte ihr Erlebnis von einer Schiffsfahrt mit Verwandten wiedergegeben.

Nach vierzehn Tagen bekommen wir die Aufsätze zurück. Frau Engelbrecht gibt zu jedem Aufsatz ihren Kommentar, aber wo bleibt meiner? Sollte ich am schlechtesten abgeschnitten haben? Je kleiner der Stapel wird, desto unwohler wird mir.

Nun haben alle ihre Aufsätze und diskutieren darüber. Keiner hört Frau Engelbrecht mehr so richtig zu. „Ja, Julia, dein Erlebnis hat mir ganz besonders gefallen. Es waren zwar einige Fehler enthalten, aber Gliederung und Ausdruck waren gut. Vor allem der Inhalt, er war spannend, ansprechend und hat zum Weiterlesen inspiriert. Mach weiter so! Ich habe dir dafür eine eins gegeben."

Das habe ich nicht erwartet, mich darüber aber sehr gefreut.

Durch einen Mix aus Traum und Schummelei habe ich mir eine eins verdient.

Manchmal muss man nur seinen Gedanken freien Lauf lassen und alles klappt von selbst.

SCHUMMELSPASS

Weil ich finde, dass dann und wann

ein Jeder ruhig mal schummeln kann,

tu ich's auch, find nichts dabei,

denn es ist nur ne Schummelei,

die keinen Menschen schaden soll,

drum find ich schummeln wundervoll.

Ein unvergessener Ferientag

Es war ein schöner Tag im Februar. Draußen knackig kalt, die Sonne schien und wir hatten Ferien.

Wie sehr oft spielten wir Kinder, wir waren zwischen neun und elf Jahren, draußen auf der Straße. Das war damals so, wenn man in der Stadt wohnte, und machte auch riesigen Spaß. Unsere Eltern waren arbeiten und so beschäftigten wir uns selbst. Leonie, meine Schwester, hatte immer die meisten Spielideen.

Wir spielten Fangen, Verstecken, ärgerten andere Kinder oder bildeten Gruppen. Sie war so etwas wie der Anführer unter uns. Wahrscheinlich weil sie eine der ältesten war. Viel spielten wir auch Mutter, Vater, Kind.

Ja, es war eine schöne Zeit, wie es sie heute nur noch selten gibt. Wir hatten nie Langeweile. An diesem Tag hatten wir auch schon alles Mögliche gespielt, als Leonie plötzlich die Idee hatte, aufs Eis zu gehen. Es sollten aber nur die Kinder mitkommen, die cool und mutig sind. Das war von Leonies Seite her immer Taktik, denn sie wusste, alle Kinder wollten cool und mutig sein.

Genauso war es an diesem Tag auch.

Wir gingen zu einem Teich, der gleich zwei Straßen weiter war, hatten es demnach nicht sehr weit. Leonie ging als Oberführer voran. Manchmal beneidete ich sie. Sie war immer so mutig, hatte gute

Ideen, kam bei den Jungs gut an und hatte vor nichts und niemandem Angst. Es hatte noch nicht so sehr lange gefroren, deshalb waren wir skeptisch und versuchten, Leonie das Vorhaben, aufs Eis zu gehen, auszureden. Sie bestand aber darauf und meinte, wir wären ja noch sehr leicht und somit könne nichts passieren. Und wer zu feige ist, sollte am Ufer stehen bleiben. Wer wollte denn schon feige sein? Selbstverständlich niemand!

Langsam begab sich Leonie aufs Eis. Es sah aus, als würde sie auf einem Seil balancieren. Wir folgten ihr im Abstand von knapp einem Meter im Gänsemarsch. Leonie hatte fast die Hälfte des Teiches erreicht, da knackte es und sie war verschwunden. Eingebrochen im Eis und gleich untergegangen.

Wir erstarrten vor Schreck! Als Leonie wieder auftauchte, schoben wir ihr schnell entschlossen den Schlitten hin, den eines der Kinder mitgenommen hatte. Wir konnten nicht mehr denken. Jede Handlung erfolgte spontan aus dem Reflex heraus. Sie hielt sich mit aufgerissenen Augen am Schlitten fest und wir restlichen fünf Kinder zogen mit allen Kräften. Ich wusste gar nicht, dass Leonie so schwer war, sie sah immer so zierlich aus.

Noch mal Glück gehabt.

Was nun tun? Ihre Sachen waren klitschnass und sie fror. Nach Hause wollte sie nicht, denn sie wusste, es würde mächtigen Ärger geben, weil unsere Eltern uns immer wieder ermahnt hatten, nicht das Eis zu betreten.

Edeltraut, Leonies Freundin, war damit einverstanden, zu ihr zu gehen, denn ihre Eltern würden vor abends nicht zu Hause sein. Also gingen wir alle zu Edeltraut. Edeltraut borgte Leonie einen anderen Pulli, hatte aber keine Hose, die ihr passte. Sie brachte ein Bügeleisen und bat Leonie, die Hose auszuziehen, um sie zu bügeln. Weil aber auch ein Junge mit anwesend war, schämte sie sich und bügelte die Hose, während sie sie anbehielt.

„Außerdem wärmt das Bügeleisen gleich meinen Körper!“, meinte sie schon wieder recht kess. Das tat es auch, und zwar so sehr, dass sich Leonie beim Rumblöden das Bein verbrannte. Sie gab da nichts weiter drauf, denn sie war hart zu sich selbst und meinte nur, es sei nicht so schlimm.

Zu Hause merkte niemand etwas von dem Vorfall. Ich bekam von Leonie das Verbot, etwas auszuplaudern. Sie drohte mir damit, dass, sollte ich es trotzdem tun, sie und kein anderes Kind mehr mit mir spielen würden. Ich wusste, Leonie hielt, was sie versprach, und sagte nichts zu unseren Eltern. Es fiel mir gar nicht leicht, denn die Wunde an ihrem Bein hatte sich mächtig entzündet und eiterte sogar.

Als unsere Mutter wieder einmal Kontrolle machte, ob wir uns richtig gewaschen hatten, das tat sie hin und wieder, weil sie es für notwendig hielt, sah sie die Wunde an Leonies Bein. Sie schrak gleich zusammen, denn es sah ganz schön schlimm aus.

„Kind, was hast du denn da gemacht?“, fragte Mutti sie.

Leonie war in Ausreden nie verlegen und antwortete sofort: „Das war Ramona. Wir hatten uns gestritten und da hat sie mir mit ihrem Einkaufsnetz immer wieder und wieder an mein Bein gehauen.“

Einkaufsnetze hatte man damals, sie waren aus festem Band zu einem Beutel geflochten.

Ramona war ein Mädchen aus der Nachbarschaft und ebenfalls eine Freundin und Schulkameradin von Leonie. Mutti war entsetzt, dass Ramona, die nie auffiel, so etwas getan hatte. Sie nahm Leonie an die Hand und ging mit ihr zu Ramona nach Hause.

Dort wohnte die Oma mit in der Wohnung, welche den Tag über auch die Kinder versorgte. Mutti erzählte der Oma die Geschichte vom Einkaufsnetz und zeigte dann Leonies Bein. Auch Ramonas Oma war erschrocken darüber, denn das Bein sah wirklich sehr schlimm aus. Ramona wurde gerufen und gefragt, ob sie das getan hätte. Da sie davon keine Ahnung hatte, denn sie war auf dem Eis nicht dabei gewesen, verneinte sie diese Frage. Die Oma fragte sie abermals, diesmal etwas strenger, und es kam von Ramona wieder ein klares Nein. Jetzt wurde sie böse und Ramona bekam rechts und links, in unserem Beisein, eine Ohrfeige. Weil die Oma annahm,

Ramona hätte gelogen, bekam sie anschließend noch Strafaufgaben und durfte vier Wochen nicht raus.

Mir war es peinlich und Ramona tat mir so leid, dass ich es irgendwann nicht länger aushielt und es Mutti sagte.

Leonie wurde täglich mit Salben verarztet, bis das Wundmal weg war. Sie entschuldigte sich bei Ramona, welche die Entschuldigung auch annahm, und kaufte ihr dafür ein kleines Geschenk. Auch bei der Oma musste sich Leonie mit einem Blumenstrauß entschuldigen und versprechen, dass so etwas nie wieder vorkommen würde.

Leonie war der Meinung, sie hätte nur geschummelt. Sicher war es von ihrer Seite so gedacht, aber ist diese Schummelei nicht schon zur gemeinen Lüge geworden?

Sie ist jetzt eine erwachsene Frau, aber wenn wir diese Geschichte erzählen, ist es ihr immer noch peinlich.

SCHUMMELGEBOT

Das Schummeln darf nie werden ein Betrug,

es ist als Späßchen schon genug.

Man muss überlegen, wie weit kannst du gehen?

Kann ich danach noch allen in die Augen seh'n?

So richtig verliebt

Ich war jung, dumm, töricht und verliebt – ja, so richtig verliebt.

Es war Frank, den ich vor vier Jahren in einer Disco kennengelernt hatte. Als ich ihn sah, war es Liebe auf den ersten Blick. Es funkte sofort zwischen uns. Er sah gut aus, hatte blondes, nicht allzu kurz geschnittenes Haar, groß, schlank und super dunkelbraune Augen, die aus seinem leicht gebräunten Teint so richtig hervorblitzten. Keine Frau hätte ihm widerstehen können, wenn er sie angesprochen hätte. Er war zum damaligen Zeitpunkt gerade achtzehn geworden und wollte mit einigen Freunden seinen Geburtstag in der Disco nachfeiern.

Also, ich war die Auserwählte und schätzte mich glücklich. Wir tingelten und tangelten, liebten uns, stritten uns und vertrugen uns wieder. Es war eine traumhafte Zeit. Ich hatte seit zwei Jahren meine eigene Wohnung und Frank war fast jede Nacht bei mir. Über zu wenig Sex brauchte sich keiner von uns beiden beklagen, denn auch hier waren wir uns immer einig. Wir waren ein richtiges Team. Wenn wir unsere romantischen Kuschelstunden hatten, schmiedete Frank immer Pläne und sprach vom Heiraten, Familie gründen und so. Drei Kinder wollte er haben und ein Häuschen auf dem Lande. Ja, jede Minute mit ihm war Romantik pur.

Er las mir jeden Wunsch von den Augen ab, verwöhnte mich mit kleinen Geschenken, stellte mir jeden Samstag Blumen auf den Frühstückstisch und las mir dann immer das Wichtigste aus der Zeitung vor. Bis zum gewissen Tag.

Es war wieder Samstag früh, Frank und ich hatten schon gefrühstückt und ich machte gerade noch etwas Ordnung, denn ein Waldbummel mit Picknick war für heute geplant. Wir freuten uns schon beide darauf, weil dieser immer sehr lustig abläuft.

Beim Abräumen des Geschirrs rutschten mir die Tassen aus der Hand und fielen auf die Fliesen. Es gab ein Geklirre und überall lagen Scherben. Ich bekam einen Schreck, aber Frank lachte und meinte, es wäre Generalprobe für unseren Polterabend.

Mich durchfuhr etwas wie ein Blitz, ich wollte Frank seit vier Jahren etwas Wichtiges sagen, hatte es aber vor lauter Glücksgefühl immer verdrängt und für nicht so wichtig gehalten.

Ich wusste, dass er ein Feind von Lügen und Schummeleien war, Wahrheit war für ihn oberstes Gebot. Ich muss es ihm heute beim Picknick beichten und nahm es mir ganz fest vor.

Die Beichte, die ich seit vier Jahren in mir trug, war, ich hatte Frank bei unserem Kennenlernen belogen, eigentlich nur geschummelt. Er war inzwischen zweiundzwanzig und erwähnte öfter, dass er es unmöglich findet, wenn ein Mann sich eine ältere Frau zur Partnerin nimmt. Er erzählte dabei von einem Bekannten seiner Eltern, der sich eine drei Jahre ältere Frau nahm, welches später in die Brüche ging, ja, er lachte sogar scherzhaft darüber.

Und nun sollte ich ihm beichten, dass ich siebenundzwanzig bin, ganze fünf Jahre älter als er?

Er würde enttäuscht sein und das nie verstehen.

Das war dann auch das Ende vom Lied. Ich erzählte Frank meine Schummelei beim Picknick, er sah mich an, als hätte ich mich in eine Außerirdische verwandelt, und ging, ohne etwas zu sagen, davon.

Ich bekam nach drei Wochen noch einen Abschiedsbrief, der so gemein war, dass ich gar nicht erst versuchte, noch etwas in dieser Beziehung zu retten. Die große Liebe war dahin, der Traum war ausgeträumt.

Ich habe Frank danach nie wieder gesehen. Die Reue ist immer noch in mir. Einmal richtig schummeln wurde mir zum Verhängnis.

So kann es sein

Wenn du denkst, bei einer Schummelei ist nun wirklich nichts dabei,

hast du geirrt, mein liebes Kind, weil andere verletzbar sind.

Sie nehmen hin es mit Humor, doch tritt es erst mal in ihr Ohr,

sind sie enttäuscht, man kann es seh’n,

wollen ganz schnell nun nach Hause gehen,

Und dich, dich woll’n sie nie mehr seh‘n.

Ich habe
geschummelt!

Die Schramme

Jetzt fuhr ich schon fast die ganze Woche mit Dieters Auto. Es wurde Zeit, dass ich meinen geliebten Kleinwagen wiederbekam! Er war nun schon zwei Wochen in der Werkstatt. Angeblich bekamen die das Teil, welches eingebaut werden muss, nicht. Deshalb durfte ich so lange mit Dieters fahren. Das behagte mir gar nicht. Dieter war immer so pingelig mit seinem Auto und wenn irgendwas damit war, kriegte ich die Schuld, auch wenn ich's nicht war. Erschwerend kam hinzu, dass sein Van, der für sieben Leute ausgelegt war, mir einfach zu groß war. Man kam damit schlecht in Parktaschen, saß sehr hoch und musste viel Spiegelarbeit leisten, was ich sowieso nicht wirklich kann. Und letztendlich war es ja auch eine Frage der Gewohnheit, denn mein Auto, mit dem ich ständig fuhr, war mir vertraut und alles liefe somit wie am Schnürchen.

Ich wollte nur schnell einkaufen. Bin ordentlich und vernünftig zu „NETTO" gefahren, habe auch gut eingeparkt. Aber als ich wieder zurückwollte, bin ich, durch die ungewohnte Länge, nicht richtig um die Ecke gekommen. Ich jonglierte hin und her. Als ich es fast geschafft hatte und nur noch ein Stück zurückstoßen wollte, passierte es. BUMM!!! Ich bin mit Dieters Auto an einen Jeep gestoßen und hatte gleich eine Schramme. Der Jeepfahrer fand das nicht schlimm und verzichtete auf

Schadenstilgung, weil er, wie er meinte, schon ohnehin viele Schrammen und Beulen hatte, was auch stimmte. Wahrscheinlich würde er sich nie an sein Auto gewöhnen …

Ich traute mich nach dem Crash gar nicht nach Hause. Vielleicht würde Dieter es nicht gleich bemerken, versuchte ich mich zu beruhigen. Quatsch! Dieter, der immer fragt, ob alles in Ordnung ist … nicht bemerken? Der jedes Mal um das Auto herumschleicht und nach Kratzern sucht, soll diese Schramme nicht bemerken? Und das ist ja nun weiß Gott nicht nur ein Kratzer!, holte mich meine innere Stimme in die Realität zurück.

Ich wartete dann, bis er zur Spätschicht war. Er fuhr mit dem Fahrrad, hatte mich ein paar Mal versucht, über das Handy zu erreichen, doch musste dann endlich los.

Zu Hause angekommen, tat ich das, was wahrscheinlich jeder Frau in meiner Situation eingefallen wäre. Ich lackierte die Schramme erstmal mit meinem silbernen Nagellack über. Ich war geschickt, denn auf den ersten Blick, sah man sie jetzt kaum noch. Aber Dieter war nicht der Mann der flüchtigen Blicke, schon gar nicht, wenn es um sein Auto ging. Um auf Nummer sicher zu gehen, stellte ich das Auto etwas weiter von unserem Hauseingang ab und hoffte, dass die Dunkelheit, denn Dieters Schicht ging bis halb elf, ihr Übriges tun würde.

Ich hatte Glück, denn Dieter hatte nichts gesehen.

Über Nacht hatte ich dann einen Plan entwickelt und so entfernte ich am nächsten Morgen den Nagellack wieder. Ich fuhr zum Baumarkt und stellte das Auto in eine Parktasche. Dabei fuhr ich so dicht an das nebenstehende Auto, dass, wenn der Beifahrer einsteigen wollte, er auf jeden Fall an meine Autotür kam. Inzwischen ging ich draußen umher, sah mir die Pflanzen an und behielt dabei immer Dieters Auto im Blick. Endlich kamen zwei Männer mit einem großen Karton. Sie gingen in die gewünschte Richtung. Es klappte! Sie stellten den Karton ab, öffneten die Beifahrertür, versuchten den Karton hinein zu quetschen, nahmen ihn dann aber doch wieder weg, sahen unten die Schramme am Auto, guckten sich an und in dem Augenblick kam ich.

Ich sah die Männer an, sah die Schramme, bückte mich entsetzt und fragte: „Waren Sie das?"

Die Männer zuckten mit den Schultern, als wüssten sie nicht genau.

„Ich werde jetzt die Polizei rufen", sagte ich aufgeregt, „denn die Schramme war eben noch nicht da und das Auto gehört mir nicht!"

Ich nahm mein Handy und tat, als wählte ich eine Nummer. Nun versuchte der eine Mann, mich davon abzuhalten, und meinte: „Vielleicht waren wir das auch, aber nicht mit Absicht. Wir wollten versuchen, den Badezimmerschrank auf den Beifahrersitz zu legen, weil wir hinten schon alles voll haben. Es tut uns leid!"

„Na ja, kann ja passieren, aber was wird nun? Wir müssen trotzdem die Polizei holen, sonst zahlt die Versicherung nicht.“

„Nein, nein!“, sagte einer der Männer. „Mein Schwager hat eine Autolackiererei, der bringt das wieder in Ordnung. Ich werde ihn sofort anrufen, damit er einen Termin mit Ihnen vereinbart.“

Ich gab ihm mein Handy. Er machte schon zum nächsten Tag einen Termin, was mir recht war.

Jetzt musste ich Dieter sagen, dass jemand seine Tür gegen das Auto gehauen hatte. Da ich es ja nicht war und der Schaden ersetzt wurde, hat Dieter gut darauf reagiert. Er hat den Wagen sogar selbst hingebracht.

Ich war schön aus dem Schlamassel raus. Ich hatte zweimal geschummelt und hatte dadurch Vorteile. Einmal keinen Ärger mit Dieter und beim zweiten Mal, dass die Männer den Schaden auf sich genommen hatten.

Das Auto war nach zwei Tagen wieder in Ordnung, hat inzwischen aber schon wieder eine kleine Schramme, die Dieter verursacht hat, was mich nicht weiter stört und ihn, da er es selbst war, auch nicht.

Das Lügen

Es ist schon manchmal so eine Sache,

wenn ich das Schummeln zum Freund mir mache,

manchmal sagt man Lüge schon dazu,

und das ist dann so richtig Schmu.

Die Versöhnung

Sie redeten kein einziges Wort mehr miteinander, würdigten sich keines Blickes und taten beim Vorbeigehen, als hätten sie sich nie gekannt.

Das ging schon seit sechs Jahren so. Dabei kannten sie sich doch schon ein Leben lang, denn sie sind Mutter und Tochter.

Ja, es geht um meine Tante Ingeborg und meine Oma.

Vor sechs Jahren gab es zwischen ihnen einen Streit. Es ging um Helmut, den Mann meiner Tante. Er ist trockener Alkoholiker. Meine Oma machte damals ihre Bemerkung darüber, dass er wohl ab und zu noch etwas trinken würde. Das war der Auslöser für diesen jahrelangen Krieg. Monate nach dem Streit keiften sich beide heftig an und stritten, bis die Fetzen flogen. Dann aber, als Onkel Helmut starb, war Stille, endlose Stille unter ihnen. Zur Beerdigung von Onkel Helmut war Oma gewesen, ging aber danach schnurstracks nach Hause, während alle anderen auf einen Umtrunk mitkamen.

Was hatte die gesamte Verwandtschaft schon versucht, die beiden zu versöhnen, aber vergebens. Selbst ich hatte schon Trick Siebzehn angewandt.

Ich hatte Tante Ingeborg zu mir bestellt und Oma auch. Dann tat ich so, als wäre es ein Versehen. Oma, die später kam, machte gleich kehrt und war wieder verschwunden. Oder die Masche mit dem

Einkauf. Ich ging mit Oma in denselben Einkaufsmarkt, in den auch Tante Ingeborg immer geht, wählte dieselbe Zeit und es klappte auch. Sie war dort und Oma und ich auch. Als sie uns erblickte, schob sie ihren Wagen wieder raus und aus wars.

Es durfte einfach nicht sein, dass Mutter und Tochter sich immer fremder wurden.

Oma war schon vierundsiebzig Jahre, vielleicht schon etwas senil, zu mir aber immer lieb. Tante Ingeborg dagegen war zweiundvierzig, eigentlich eine patente Frau, sie hätte die Initiative ergreifen können und den ersten Schritt der Versöhnung tun. Aber sie fühlte sich im Recht und gab deshalb auf keinen Fall nach.

Ich musste also wieder schummeln, aber wie?

Die Idee, schnell umgesetzt in Taten, entwickelte ich folgende Masche: Ich besuchte meine Oma und erzählte ihr, dass ich beim Zahnarzt war. Anschließend hielt ich mich bei ihr noch eine Weile auf und verabschiedete mich schließlich mit der Ausrede, noch durch die Geschäfte bummeln zu wollen. Ich bat sie, meine Krankenkarte so lange in Verwahrung zu nehmen, damit ich diese beim Bummeln nicht noch verliere. Oma weiß, dass ich eine kleine Schusselhanne bin, und steckte meine Krankenkarte gleich in ihre Handtasche. Genauso sollte es sein.

Eine Woche später besuchte ich Tante Ingeborg. Ich hielt mich ziemlich lange bei ihr auf, aß Mittag, trank Kaffee und plauderte mit ihr über alles

Mögliche. Jetzt musste mein Einsatz langsam kommen. Ich klagte urplötzlich über Kopfschmerzen und Übelkeit. Tante Ingeborg holte ihre sogenannten „Zaubertropfen“ und verabreichte mir dreißig davon. Pfui, sie schmeckten fürchterlich! Ich musste weitermachen, krümmte mich vor Bauchschmerzen und bat darum, mich etwas hinlegen zu dürfen.

Tante Ingeborg rannte, machte und tat. Eigentlich tat sie mir so richtig leid, aber es blieb nur diese hoffende Variante. Sie holte mir Kissen und Decke, stellte mir einen Eimer, falls ich spucken müsse, hin und rannte aufgeregt durchs Zimmer. Dann machte sie mir einen feuchtwarmen Wickel um den Bauch, steckte mir ein Fieberthermometer unter den Arm und hoffte, dass es mir bald besser gehen würde.

Hätte ich Fieber gehabt, wäre ihre Diagnose Grippe gewesen, das war aber nicht der Fall, was sie noch mehr in Unruhe versetzte. Ich gab ihr das Gefühl, dass es immer schlimmer werden würde, und bat darum, lieber einen Arzt zu rufen, denn man konnte ja nie wissen, vielleicht war es doch etwas Ernstes.

Sie rief einen Kassenarzt an, welcher sie bat, schon meine Krankenkarte bereitzulegen.

„Hast du deine Krankenkarte dabei?“, fragte mich Tante Ingeborg.

„Ja, in meiner Jackentasche müsste sie stecken“, keuchte ich vor Schmerzen. Ich wusste wohl, dass sie dort keine finden würde.

„Ich kann hier keine finden!“, rief sie aus der Diele.

„Doch, da muss sie sein!“ Plötzlich stutzte ich. „Ach nein, ich war neulich beim Zahnarzt, au, au …“, jammerte ich vor Schmerz, „… ja, und da habe ich, weil ich noch bummeln gehen wollte, meine … au … au … Karte bei Oma gelassen … au … au …!“

„Bei Oma?“, stotterte sie, reagierte dann aber besonnen und ging zum Telefon.

Sie rief Oma, also ihre Mutter, an.

Ich wusste, wenn Oma hörte, dass ich hier lag und es mir schlecht ging, würde sie sofort kommen. Denn ich war einer ihrer Lieblinge.

Was ich nicht wusste, Oma legte, nachdem sie Ingeborgs Stimme vernahm, auf. Tante Ingeborg versuchte es ein zweites Mal, denn die Zeit drängte, der Arzt würde bald erscheinen.

„Maria!“, rief sie dann gleich durch den Hörer. „Es geht um Maria! Sie liegt bei mir und braucht einen Arzt!“

„Einen Arzt? Wieso einen Arzt und warum liegt sie bei dir?“

„Komm schnell und bring ihre Krankenkarte her, denn der Arzt müsste gleich eintreffen!“

„Ja, natürlich, ich komme sofort!“

Oma wohnte bloß um die Ecke. Sie sind damals so dicht zusammengezogen, weil sie mal ein Herz und eine Seele waren.

Mein Plan schien zu klappen. Es dauerte nicht lange, da klingelte es an der Tür. Es war Oma. Tante Ingeborg bat sie rein und Oma kam aufgeregt zu mir, tätschelte meine Hand und fragte: „Kind, was ist bloß los mit dir? Hast du was Falsches gegessen?“ Ich schüttelte nur den Kopf und schloss die Augen. Ich hatte ein Glücksgefühl in mir.

Der Arzt kam, konnte aber nichts finden und vermutete eine Magenverstimmung. Er verschrieb Arznei dafür und ging wieder.

Oma und Tante Ingeborg tranken inzwischen Kaffee und freuten sich, dass es nichts Ernstes war. Ich lag noch zwei Stunden auf der Couch und tat, als ob, gab dann eine Besserung vor und alle freuten sich.

Oma und Tante Ingeborg verstanden sich seitdem wieder blendend. Über den damaligen Vorfall wurde nie gesprochen.

Diesmal hat meine Schummelei Nutzen gebracht und ich glaube, es war der einzige Ausweg.

Helfende Hände

Kannst du andern Gutes tun,

versuche nicht, dich auszuruhen.

Sei es mit Schummeln oder List,

du ihm ein kleiner Helfer bist.

Auf jeden Fall kommt Gutes dabei raus,

und du kostest den Dank dann aus.

Die Klassenfahrt

Ich stehe mit Kirsten, Tobias und Franziska in der Bahnhofshalle und warte auf den Rest der Klasse. Weil Kirsten und ich im Elternrat sind, fahren wir mit der Klasse öfter als Begleitpersonen mit, um die Lehrerin etwas zu entlasten. Es ist erst kurz nach sieben und der Zug nach Rügen soll erst eine Minute nach acht abfahren. Aber wir sind es gewohnt, die ersten zu sein. Zwanzig Minuten später sind schon alle Schüler, bis auf eine, versammelt. Kirsten geht sich noch eine Zeitung kaufen, die beiden Lehrerinnen warten auf die fehlende Schülerin, und ich gehe mit den restlichen dreiundzwanzig Schülern schon zum Bahnsteig. Für mich ist der Bahnhof totales Neuland. Das letzte Mal war ich vor vierzehn Jahren hier, denn ich bevorzuge normalerweise das Reisen mit dem Auto oder dem Flieger.

Es ist sieben Uhr dreißig, somit bleibt uns bis zur Abfahrt noch eine halbe Stunde. Auf dem Bahnhof steht auch schon der Zug in Richtung Samtens bereit. Die Schüler fragen mich, ob sie schon einsteigen dürfen, und ich gebe selbstverständlich mein Einverständnis, bleibe aber draußen, um auf den Rest der Klasse zu warten. Der Schaffner hebt seinen Arm und pfeift.

Das ist aber ganz schön früh!, denke ich noch. Eine halbe Stunde vor Abfahrt! Aber plötzlich schließen sich alle Türen und ehe ich die Situation begreifen kann, rollt der Zug auch schon los. Ich denke, ich träume. Meine Beine sind wie gelähmt. Nun sitzen im Zug dreiundzwanzig Schüler der sechsten Klasse, ohne Fahrschein und ohne Betreuer. Ich glaube, mein Verstand steht für eine Sekunde still. Die Kinder wissen ebenfalls nicht, was ihnen geschieht. Sie drücken ihre Gesichter an die Scheibe und sehen mich erstaunt an. Ich wurde extra mitgenommen, um die Lehrer zu entlasten, und was mache ich? Ich belaste sie und das nicht zu knapp.

Da stehe ich nun verlassen auf dem Bahnsteig, sehe nur noch die Rücklichter von dem Zug und kann weder lachen noch weinen. Als ich mich umdrehe, sehe ich schon die beiden Lehrerinnen mit Kirsten und der Schülerin kommen.

Was sag ich ihnen nur?, denke ich verzweifelt.

„Na, wo haben sich die kleinen Rabauken versteckt?“, fragt die Klassenlehrerin. Sie sieht dabei hinter einen Kiosk.

„Nirgendwo! ... Sie sitzen dort in dem Zug“, antworte ich kleinlaut und werde rot wie eine Tomate. Die anderen lachen nur, weil sie annehmen, ich scherze. Die Lehrerinnen lassen ihre Blicke suchend kreisen.

„Nein!“, sage ich nun lauter und aufgeregt. „Der Zug fuhr schon um halb acht. Ich habe den Schülern erlaubt, schon in den Waggon zu steigen, da fuhr er plötzlich los!“

Sie sehen mich alle mit großen Augen an. Ich habe gedacht, die Lehrerin würde mir jetzt eine Standpauke halten, aber sie bleibt gelassen.

Wir laufen alle zum Fahrkartenschalter und fragen, ob man den Zug aufhalten oder den Schaffner darüber informieren könnte. Die sind uns aber nicht sehr hilfreich und meinen man könne Lokführer und Schaffner nicht erreichen, auch nicht über Handy. Eine Angestellte ist dann aber doch bemüht. Sie will es wenigstens versuchen.

Bis Samtens ist es nicht weit. Es sind vier Stationen, aber das wissen die Kinder ja nicht. Außerdem sind sie noch nie alleine weggefahren. Einige werden bestimmt weinen, weil sie glauben, uns für immer verloren zu haben. Wir sammeln unsere Gedanken und Kirsten macht den Vorschlag, mit mir die Strecke mit einem Taxi abzufahren. Die Lehrerinnen sind gleich dafür und freuen sich, dass Kirsten so besonnen denkt. Sie macht sich sicherlich auch Sorgen um Tobias, der es auch nicht kannte, ohne Mutti Zug zu fahren. Die Lehrerinnen und die eine Schülerin bleiben in Stralsund auf dem Bahnhof. Sie wollen warten, ob sich noch Informationen aus dem Zug, in dem die Schüler sind, einholen lassen und dann mit dem geplanten Zug um acht Uhr eins nachkommen.

Kirsten und ich fahren mit dem Taxi alle Stationen ab und sehen auf den Bahnsteigen nach, ob die Schüler dort angekommen sind.

Endlich in Samtens, staunen wir nicht schlecht, als sie dort alle wie die Orgelpfeifen, in einer Reihe, dasitzen. Ganz artig und ruhig, zumindest bis zu unserem Eintreffen. Als sie mich erblicken, stürzen lauter Fragen auf mich ein. Weshalb ich das gemacht hätte, sie hätten solche Angst gehabt und die Fahrkarte haben sie auch nicht und so weiter … Ich besinne mich schnell und schummle ihnen vor, wir wollten, da sie fast alle schon zwölf sind, mal testen, wie sie in so einer Situation reagieren würden. Loben sie dann auch, dass sie diesen Test gut gemeistert hatten.

Ob sie die Schummelei wirklich glaubten, weiß ich nicht. Jedenfalls weiß ich jetzt, dass auf jedem Bahnsteig eine Anzeigentafel ist, wo die Abfahrtszeit angegeben wird. Auch eine Durchsage erfolgt laut, welche ich total ignoriert hatte. Ich habe mir vorgenommen, öfters einen Gang auf den Bahnhof zu machen, um mich mit der dortigen Situation vertraut zu machen.

Die Klassenfahrt wird trotzdem noch schön. Wir treiben in einem Freizeitzentrum in Samtens Sport und darüber hinaus sind die Panne bzw. der Test vergessen.

Wir fahren dann alle gemeinsam wieder mit dem Zug zurück.

Der Nutzen des Schummelns

Glaubst du immer noch daran,

dass du richtig schummeln kannst,

so mit Tücke oder List?

Sonst ist schummeln nämlich nichts.

Es muss dir 'nen Nutzen bringen,

sonst nützt dir nicht sein Gelingen.

Ein Essen in der Gaststätte

Ist das ein anstrengender Tag heute. Erst mit Anabels Klasse, es ist eine Zweite, in den Tierpark gehen, was mich schon genug auspowerte. Dann musste ich anschließend auch noch durch die Stadt jagen, um ein Geburtstagsgeschenk für Anabels Freundin zu kaufen. Der Geburtstag von Anja, ihrer Freundin, ist schon morgen und meine Tochter hat wieder mal erst im letzten Moment die Einladungskarte erwähnt. Dann habe ich mir auch noch die Schnalle von meinem Schuh abgerissen und zu guter Letzt ist mir der Bus vor der Nase weggefahren.

Nun stehe ich mit Monika und Heike, die auch beide Muttis sind und so wie ich am Wandertag teilnehmen, an der leeren Bushaltestelle. Ich bin fix und fertig, voll bepackt und habe einen kaputten Schuh.

Na wunderbar, … an manchen Tagen sollte man gar nicht erst aufstehen …, denke ich, wie so oft.

Aber es hilft kein Jammern und Klagen. Vierzig Minuten warten, bis der Bus kommt – das ist zu lange – und da wir hungrig sind, beschließen wir, etwas essen zu gehen.

Unsere Wahl fällt auf ein ganz seriöses Mittelklasserestaurant. Wir nehmen Platz und nachdem die Speisekarte von uns sorgfältig studiert wurde, gibt jeder seinen Essenswunsch auf. Die Bestellung erfolgt noch verhältnismäßig schnell, aber ans Bringen denkt hier niemand.

Nach dreißig Minuten fragen wir noch einmal nach, in der Annahme, man hätte uns vergessen. Wir bekommen gleich eine Abfuhr: „Wir haben auch nur zwei Hände. Sie müssen schon warten, bis Sie dran sind!“, heißt es. Aus Verzweiflung raucht Monika eine Zigarette nach der anderen. Schließlich kullern wir mit unseren leeren Wassergläsern über den Tisch, in der Hoffnung, den Kellner endlich auf uns aufmerksam machen zu können. Jedoch stört das hier keinen. Fünfundvierzig Minuten später geht Heike, eine forsche junge Frau, zum Eingang der Küche um einen anderen Kellner anzusprechen. Auf die Frage, wo denn unsere Bestellung nun bleibt, bekommt sie zur Antwort, es würde noch ein Weilchen dauern, weil Hochbetrieb sei. Wenn es uns zu lange dauern würde, müssten wir woanders hingehen, wo es schneller geht. Es versteht sich von selbst, dass wir dies natürlich umgehend in die Tat umsetzen. Zum Abkassieren des Wassers kommt der Kellner allerdings sofort an den Tisch.

Wir sind wohl nicht die richtigen Gäste oder ist das Problem der kaputte Schuh?

Ich nehme mir vor, diese Gaststätte nie wieder zu betreten, doch der Zufall will es anders.

Gerade aus dem Steuerbüro kommend, mit meinen abgehefteten Unterlagen in einem Aktenordner bei mir, komme ich an der besagten Gaststätte vorbei. Plötzlich habe ich eine Idee, ich will dem dortigen Personal eins auswischen.

Ich betrete die Gaststätte mit dem Steuerordner unter dem Arm. Kurz blicke ich an mir hinunter. Zum Glück entschied ich mich heute Morgen für den seriösen schwarzen Hosenanzug und die rosafarbene Bluse, was mich erheblich seriöser wirken lässt als neulich nach dem Wandertag. Bereits mit dem Eintreten richten sich die Blicke des Personals auf mich, was ich auch bezweckt habe. Ich schaue mich um. Noch ehe ich mir einen Platz aussuche, kommt der Kellner und weist mir einen Tisch zu. Zu meiner großen Überraschung erkundigt er sich auch noch, ob mir der Platz genehm sei. Ich bestelle mir einen Kaffee und blättere in der Speisekarte. Ich spüre die Blicke, die mich von Weitem treffen. Abwechselnd schaut das gesamte Personal durch die ständig auf und zu schwingende Küchentür. Mein Grinsen zu unterdrücken, ist gar nicht so leicht.

Noch beim Lesen der Speisekarte bekomme ich meinen Kaffee und mir wird die Spezialität der Küche empfohlen. Ich entscheide mich für ein Fischgericht. Es dauert auch nicht lange, da wird es mir serviert, heiß und wohlschmeckend. Ich bekomme sogar noch ein Dessert auf Kosten des Hauses und Preisnachlass, da der Fisch nicht so richtig das Gewicht aufweist.

Das liegt sicher daran, weil ich zwischendurch des Öfteren in den Ordner gesehen habe und etwas hineinschrieb, welches ich selbstverständlich mit einem nicht funktionierenden Kugelschreiber tat.

Ich bereue diesen Gang nicht, denn er ist ein voller Erfolg geworden.

Beim Rausgehen nicken mir einige der Kellner höflich zu. Jetzt weiß ich, wodurch sich ein kaputter Schuh von einem Aktenordner unterscheidet, der Ordner kleidet Leute, der Schuh nicht

Gedanken zum Schummeln

Wenn du schummelst oder lügst,

dich am Ende wieder fügst,

Ists nicht schlimm,

doch nimm es nicht sorglos hin,

denn vielleicht ist sonst für dich schon alles dahin.

NACHWORT

Das Buch hat sein Ende gefunden.

Sicher werden Sie jetzt schmunzeln und sich sagen, „was für Geschichten!“.

Dennoch sind es Situationen, die täglich im Leben passieren.

Ob meine Geschichten nun alle so passiert sind oder etwas dazu geschummelt wurde, bleibt mein Geheimnis. Es könnte aber alles genau so gewesen sein.

Meinen Mann, meinen Kindern und meinen Campingfreunden möchte ich für die Geduld des Zuhörens danken. Sie alle haben sich meine Geschichten sehr oft angehört, Lob und Tadel verteilt

Zu guter Letzt danke ich noch der Autorin Heidelore Krause, einer Campingfreundin, für ihre Anregungen und ihrer Inspiration zum Schreiben. Ohne sie wären diese Geschichten nie an den Verlag geschickt worden.

Danke dafür, Heidi!

Das Leben hat viel zu viele ernste Seiten. Um denen entgegenzuwirken, liest man solche Bücher wie „Schummeln erlaubt, oder … oder … oder?“

Genießen Sie jeden Tag die Freuden des Lebens!

Ihre Gisela Koch